<u>Volviendo a las Sendas Antiguas</u>

Los Hitos del Adventismo

Fundamentos Importantes en la Fe Adventista

Edición original

Ron Spear

Copyright ©2023

LS COMPANY

ISBN: 979-8-8689-7458-8

Contenido

Prólogo 5

Prefacio 7

Introducción 9

Capítulo 1—Los Hitos del Adventismo 15

Capítulo 2—El Espíritu de Profecía 20

Capítulo 3—El Santuario 23

Capítulo 4—Perfección en Cristo 44

Capítulo 5—La Justificación por la Fe 52

Capítulo 6—La Justificación y la Santificación 55

Capítulo 7—La Naturaleza de Cristo 62

Capítulo 8—La Fe y las Obras 83

Capítulo 9—El Verdadero Zarandeo del Adventismo 91

Capítulo 10—El Mensaje de los Tres Ángeles 101

Capítulo 11—El Misterio de Minneápolis 112

Capítulo 12—El Cuarto Ángel de Apocalipsis 18 .. 121

Capítulo 13—El Tiempo de Prueba Está a las Puertas 127

Capítulo 14—La Hora del Juicio de Dios Ha Llegado 132

Capítulo 15—La Crisis Final 136

Indice Bilingüe De Referencias 147

[¿?] Estos corchetes muestran la página de la edición original

Prólogo

La lectura de la edición española, Los Hitos del Adventismo hará un inmenso bien a cualquiera que examine el libro con el debido espíritu, sea obrero, pastor o laico. Le ha resultado de gran inspiración al que firma este prólogo porque le ha permitido refrescar su memoria con una serie de verdades y realidades espirituales que robustecen la fe y lo mantienen a uno despierto y alerta.

El autor de esta obra, el pastor Ron Spear, es un profundo conocedor de la Palabra de Dios y del espíritu de profecía. Los comentarios que hace con sus propias palabras son relativamente pocos y breves, porque más bien hace hablar a la Biblia y a la pluma inspirada de la sierva de Dios. Eso hace que su presentación tenga un respaldo y una autoridad indiscutibles.

Los temas que aquí se abordan son los más vitales de nuestra fe, pues tienen que ver con nuestra salvación eterna y nuestra preparación para el cielo.

La necesidad de un libro como éste surge de los siguientes hechos:

1. Algunos de estos tópicos son poco o mal comprendidos por muchos de nuestros hermanos, y hasta por algunos de nuestros obreros.

2. Más de un pastor no se atreve a presentarlos en sus sermones y estudios porque los considera "divisivos," y porque prefiere conservar la iglesia "unida."

3. Por desgracia, no faltan en nuestras filas algunos así llamados eruditos bíblicos (Bible scholars) que les restan toda importancia a estas cuestiones vitales o las distorsionan "reinterpretándolas" con un criterio excesivamente liberal.

Con echarle una mirada al índice de contenido verá el lector versado cuán significativas y de cuan trascendente valor son temas como los siguientes: la inspiración y autoridad del espíritu de profecía, el santuario y su servicio, la justificación por la fe y la santificación, la naturaleza de Cristo, el zarandeo, el mensaje de los tres ángeles, la crisis final y nuestra preparación para la misma.

Quiera el Señor bendecir la distribución y la lectura de estas páginas que ahora se publican en nuestro bello idioma castellano.

Fernando Chaij

Prefacio

El autor de este libro es un ganador de almas de mucho éxito. Entre las miles de posiciones religiosas que hoy existen, el hombre no se adhiere a una causa poco popular a no ser que conozca bien los puntos de su fe y que pueda presentar adecuadamente las evidencias bíblicas respectivas.

Habiendo observado durante años la profunda satisfacción de muchos conversos con la consistencia lógica y el firme fundamento bíblico de cada punto de la fe adventista, Ron Spear ha desarrollado una seguridad permanente de que el mensaje adventista habrá de mantenerse firme en toda oposición y confrontará con éxito cada prueba. Del contexto de esta fe firme, él habla a la iglesia que actualmente atraviesa por algunas incertidumbres. Tengo la certeza, que este libro puede ser leído con beneficio espiritual por cada integrante del movimiento adventista.

Bendiciones,

Ralph Larson

Pastor retirado y teólogo

[v]

Introducción

Hemos llegado al fin. Al fin del mundo.

¿Por qué estoy tan seguro de ello? Por lo que veo que está pasando dentro de la Iglesia Adventista. Las señales que vemos en el mundo también nos indican claramente este hecho. Pero la señal más grande, según mi opinión, es la que se encuentra en Mensajes Selectos, tomo 1, 54-55

> Satanás está... constantemente haciendo fuerza por introducir lo espurio a fin de apartar de la verdad. Precisamente, el último engaño de Satanás se hará para que no tenga efecto el testimonio del Espíritu de Dios. "Sin profecía el pueblo será disipado" (Proverbios 29:18, versión Valera antigua). Satanás trabajará hábilmente en diferentes formas y mediante diferentes instrumentos para perturbar la confianza del pueblo remanente de Dios en el testimonio verdadero.
>
> Se encenderá un odio satánico contra los testimonios. La obra de Satanás será perturbar la fe de las iglesias en ellos por esta razón: Satanás no puede disponer de una senda tan clara para introducir sus engaños y atar a las almas con sus errores si se obedecen las amonestaciones y reproches del Espíritu de Dios.

El cumplimiento obvio de esta profecía que actualmente se está realizando en la iglesia nos indica que estamos precisamente a las puertas de la eternidad.

Otra controversia actual que existe en la iglesia, también nos da indicios del cumplimiento de las profecías:

La predicación de la doctrina del santuario es respaldada por el Espíritu Santo. Durante más de medio siglo, los diferentes puntos de *[vi]* la verdad presente se han objetado y han sido materia de oposición. Se han presentado como verdades nuevas teorías que no eran verdades y el Espíritu de Dios reveló su error. A medida que se presentaban los grandes pilares de la fe, el Espíritu Santo les prestaba su testimonio, y especialmente esto es cierto con respecto a las verdades del santuario. Muy repetidamente el Espíritu Santo ha respaldado de una manera notable la predicación de esta doctrina. Pero hoy en día, así como en lo pasado, algunos serán inducidos a idear nuevas teorías y a negar las verdades sobre las cuales el Espíritu de Dios ha colocado su aprobación. —*El Evangelismo, 167.*

Falsas teorías con respecto al Santuario. En el futuro surgirán engaños de toda clase, y necesitamos terreno sólido para nuestros pies. Necesitamos sólidos pilares para el edificio. No ha de quitarse ni un solo ápice de aquello que el Señor ha establecido. El enemigo presentará falsas doctrinas, tales como la doctrina de que no existe un santuario. Este es uno de los puntos en los cuales algunos se apartarán de la fe. ¿Dónde encontraremos seguridad, a menos que sea en las verdades que el Señor nos ha estado dando durante los últimos cincuenta años? —*Ibíd.*

Contienda sobre una verdad distintiva. Se acerca el tiempo en que las facultades engañosas de los agentes satánicos se desarrollarán plenamente. Por un lado está Cristo, a quien se le ha dado todo poder en el cielo y en la tierra. Por el otro lado está Satanás, ejerciendo continuamente su poder para seducir, para engañar con fuertes sofismas espiritistas, para quitar a Dios del lugar que debe ocupar en la mente de los hombres.

> Satanás está luchando continuamente para sugerir suposiciones fantásticas con respecto al santuario, degradando las maravillosas imágenes de Dios y el ministerio de Cristo para nuestra salvación, a fin de convertirlas en algo que cuadre con la mente carnal. Quita de los corazones de los creyentes el poder director de esas imágenes divinas y lo suple con teorías fantásticas inventadas para anular las verdades de la expiación, y para destruir nuestra confianza en las doctrinas que hemos considerado sagradas desde que fuera dado por primera vez el mensaje del tercer ángel. Así quisiera él despojarnos de nuestra fe en el mismo mensaje que nos ha convertido en un pueblo separado, y que ha dado carácter y poder a nuestra obra. —*Ibíd.* **[vii]**

A fin de destruir el pilar del santuario, el diablo debe convencer a nuestro pueblo de que la mensajera del Señor es un profeta falso:

> Tenemos mucho más que temer de enemigos internos que de externos. Los impedimentos para el vigor y el éxito provienen mucho más de la iglesia misma que del mundo. Pero con cuánta frecuencia los profesos defensores de la verdad han demostrado ser los mayores obstáculos para su adelanto. La incredulidad fomentada, las dudas expresadas, las tinieblas abrigadas, animan la presencia de

los malos ángeles y despejan el camino para los planes de Satanás. —*Mensajes Selectos, tomo 1, 142.*

Nuestro peligro más grande no es, pues el catolicismo o el protestantismo apóstata, sino el adventismo apóstata.

Existen dos eventos en la historia bíblica que nos enseñan una importante lección.

Los mensajeros de Dios nunca han sido populares entre la mayoría del pueblo de Dios. La incauta mayoría odiaba el mensaje que ellos traían y muchas veces destruía a los mensajeros a fin de deshacerse del mensaje.

Los capítulos 37-39 de Jeremías nos dicen cómo Dios envió un mensaje por medio de su profeta Jeremías al rey Sedequías. Sedequías creyó al profeta, pero no tuvo el valor de obedecer lo que Dios dijo. Debido a su falta de valor, lo perdió todo, incluyendo la vida eterna.

En 2 Crónicas 20 encontramos una historia diferente. Judá estaba rodeado de tres ejércitos. No había salida; no existía ninguna solución humana. Josafat se puso en las manos de Dios juntamente con su pueblo. Jahaziel, un profeta no canónico, trajo un plan del Señor para derrotar al enemigo. "No es nuestra la guerra, sino de Dios," le dijo al rey. El pueblo de Judá fue instruido a marchar hacia la batalla con un coro que precedía al ejército. Tales tácticas nunca antes se habían usado. Muchos habrán pensado que era una tontería. Pero el rey obedeció al profeta y se salvó no sólo él sino también el pueblo. Dios hizo por ellos uno de los milagros más grandes del Antiguo Testamento. *[viii]*

El punto principal es éste: ¿Obedeceremos hoy al profeta del Señor, o no haremos caso de los mensajes que el Señor nos ha enviado?

> Creed a Jehová vuestro Dios, y seréis seguros; creed a sus profetas, y seréis prosperados. 2 Crónicas 20:20

> Una cosa es cierta: los adventistas del séptimo día que adoptan su posición bajo la bandera de Satanás, primero abandonarán su fe en las advertencias y reproches contenidos en los testimonios del Espíritu de Dios. Mensajes Selectos, tomo 3, 93.

De acuerdo con Apocalipsis 12:17 y 19:10, sin el don profético no podemos ser la iglesia remanente de Dios.

El mensaje del santuario presenta el plan de salvación en miniatura. Si el diablo tuviese éxito en destruir este mensaje, pronto adoptaríamos la falsa teoría evangélica que dice que es imposible para el hombre sobreponerse al pecado. Si Satanás nos pudiese hacer creer esta herejía, nos tendría donde él quiere. Si Satanás nos hiciese creer lo que creen los evangélicos, Dios no tendría un pueblo remanente, es decir, no habría nadie para dar los mensajes de los tres ángeles, o el fuerte clamor final para amonestar al mundo. Echemos una mirada cuidadosa a las grandes características que han de distinguir a esta iglesia hasta que su obra sea completada y obtengamos así una nueva apreciación de su valor e importancia para nuestro sistema de creencia y de conducta. *[1]*

Capítulo 1—Los Hitos del Adventismo

Estamos viviendo en los momentos más importantes de los 6.000 años de la historia de este mundo. Los últimos movimientos han de ser rápidos. En esta crisis final que actualmente estamos atravesando, habrá un atentado para quitar los antiguos hitos.

> Después que la verdad haya sido proclamada como testimonio a todas las naciones, todo poder concebible de maldad será puesto en acción, y las mentes serán confundidas por muchas voces que clamarán: "¡He aquí el Cristo! ¡Helo allí! ¡Esta es la verdad! Yo tengo el mensaje de Dios; él me ha enviado con gran luz". Entonces se removerán los hitos y se tratará de derribar las columnas de nuestra fe. —*Maranatha, El Señor Viene, 195 (187 edición 1976 - 30 de junio) También en The Seventh-day Adventist Bible Commentary, tomo 7, 985 / Comentario Biblico Adventista, Material Suplementario Comentarios de Elena White, 995-996.*

¿Cuáles son estos antiguos hitos o características peculiares?

> Pero los hitos que nos han hecho lo que somos, han de ser preservados y serán preservados, como Dios lo ha manifestado mediante su Palabra y el testimonio de su Espíritu. Él nos insta a aferrarnos firmemente, con el vigor de la fe, a los principios fundamentales que están basados sobre una autoridad incuestionable. —*Mensajes Selectos, tomo 1, 243.*

El enemigo de las almas ha procurado introducir la suposición de que había de realizarse una gran reforma entre los adventistas del séptimo día, y que esa reforma consistiría en renunciar a las doctrinas que están en pie como las columnas de nuestra fe y que había de comenzar un proceso de reorganización. Si se efectuara está reforma, ¿qué resultaría? Los principios de verdad que Dios en su sabiduría ha *[2]* dado a la iglesia remanente serían descartados. Sería cambiada nuestra religión. Los principios fundamentales que han sostenido la obra durante los últimos cincuenta años serían considerados como error. Se establecería una nueva organización. Se escribirían libros de una nueva orientación. Se introduciría un sistema de filosofía intelectual. Los fundadores de ese sistema irían a las ciudades y harían una obra maravillosa. Por supuesto, se tendría poco en cuenta el sábado y también al Dios que lo creó. No se permitiría que nada se interpusiera en el camino del nuevo movimiento. —*Ibíd., 238-239.*

Los hitos o postes indicadores son los que nos han hecho lo que somos. Los hitos son: el sábado, la mortalidad del alma, la verdadera comprensión del santuario, la obra de Cristo como sumo sacerdote, la expiación y los mensajes de los tres ángeles.

Los hitos definidos—En Minneápolis Dios dio preciosas gemas de verdad a su pueblo en nuevos marcos. Esta luz celestial fue rechazada por algunos con toda la testarudez que los judíos manifestaron al rechazar a Cristo, y se habló mucho de mantenerse junto a los hitos antiguos. Pero era evidente que ellos no sabían cuáles eran esos antiguos hitos. Había evidencia y lógica procedentes de la Palabra que la recomendaban a la conciencia; pero las mentes de los hombres estaban fijadas y selladas para no recibir la penetración de la luz, porque habían decidido que era un peligroso error el quitar los "antiguos hitos" cuando ni siquiera un tilde se estaba quitando de ellos. Pero lo que pasaba era que ellos tenían ideas pervertidas de lo que eran en sí los hitos antiguos.

El correr del tiempo en 1844 fue un período de grandes eventos, que abrió ante nuestros ojos atónitos la "purificación del santuario" que se realizaba en el cielo, y que tenían una relación definida con el pueblo de Dios aquí en la tierra y [también] con los mensajes del primero, segundo y tercer ángel. Estos desplegaban el estandarte sobre el cual estaba escrito: "Los mandamientos de Dios y la fe de Jesús". Una de los hitos de este mensaje era el templo de Dios, —que su pueblo, amante de la verdad, vio en el cielo— y el arca que contiene su Ley. La luz del sábado del cuarto mandamiento lanzaba sus fuertes rayos sobre el camino de los transgresores de la ley de Dios. La no inmortalidad de los impíos es otra de las marcas antiguas. No puedo traer a la memoria alguna otra cosa que se encuentre bajo esta lista de los hitos antiguos. Todo este comentario relativo al cambio de los antiguos hitos es algo puramente imaginario. El Otro Poder, 30. *[3]*

El atentado para remover estas antiguas marcas no vendrá de afuera sino de adentro:

En lo porvenir las supersticiones satánicas cobrarán formas nuevas. Falsas teorías, revestidas de luz, serán presentadas al pueblo de Dios. Así procurará Satanás engañar a los mismos escogidos, si fuere posible. Se ejercerán influencias extremadamente seductoras e hipnotizarán las mentes. —*Joyas de los Testimonios, tomo 3, 271.*

Satanás tratará de persuadirnos a aceptar la manera de pensar de los evangélicos con respecto a la salvación, y a predicar como los evangélicos. De la misma manera, al proporcionar al hogar adventista un desahogo financiero semejante al del mundo, hará que el hogar adventista llegue a ser materialista. De estos hogares, nuestros jóvenes saldrían como profesionales, estudiantes motivados por el éxito que luego presionarían a los líderes educacionales a adoptar un estilo de transigencia con el mundo en materia de régimen alimenticio, vestuario, diversiones y deportes, programas de estudio, etc. Puesto que el antiguo Israel quería ser como el mundo, Dios les permitió que eligieran su rey. Como consecuencia, sus miembros pagaron un precio muy alto, que incluso les costó la perdición eterna como nación:

> El pecado del antiguo Israel consistió en el menosprecio de la expresa voluntad de Dios, pues siguieron sus propios caminos, guiados por corazones no santificados. El Israel moderno está siguiendo con pasos ligeros las pisadas del antiguo Israel, y el descontento de Dios descansa con toda seguridad sobre él. —*Testimonies, tomo 5, 94 / Testimonios para la Iglesia, tomo 5, 88.*

Nuestras escuelas fueron establecidas con el único propósito de llegar a ser como las escuelas de los profetas. Pero si Satanás logra hacer que construyamos y desarrollemos escuelas con el estilo de las del mundo, esto abrirá el camino para una sofisticación intelectual que no se someterá a la verdad. De esta manera se abren las puertas para las falsas teorías que se filtrarán en nuestro medio. Esta enseñanza pretenderá ser llamada justicia, y aunque pretenda fundamentar lo que enseña en la Biblia y en *[4]* el espíritu de profecía, tratará de cambiar las características esenciales del adventismo. Quienes hagan tal cosa pueden decir que están fortaleciendo la causa, pero en verdad la destruyen. No permitamos que esto ocurra entre nosotros.

No debe haber cambio en los rasgos generales de nuestra obra. Ha de permanecer tan clara y distinta como la profecía la ha hecho. No hemos de entrar en ninguna confederación con el mundo suponiendo que, haciéndolo, podamos lograr más. Si algunos obstaculizan el camino para impedir el progreso de la obra en los ramos que Dios ha señalado, desagradarán a Dios. Ninguna rama de la verdad que ha hecho al pueblo adventista del séptimo día lo que es debe debilitarse. Tenemos los antiguos hitos de la verdad, la experiencia y el deber, y debemos permanecer firmes en la defensa de nuestros principios en plena vista del mundo. —*Joyas de los Testimonios, tomo 2, 372.* *[5]*

Capítulo 2—El Espíritu de Profecía

El espíritu de profecía ha sido el elemento equilibrador de esta denominación desde su principio. El nos ha llevado a ser una organización mundial en los ramos de la medicina, la educación, las casas editoras y las misiones en el extranjero. Nos ha dado un mensaje distintivo para esta hora y nos ha dado el entendimiento correcto de nuestras doctrinas. Para lograr remover los hitos y pilares, Satanás tiene primeramente que desequilibrar nuestra fe en ese don. Y tratará de hacerlo.

Verdades robustecidas por un "Así dice el Señor"—¿Cuántos han leído cuidadosamente Patriarcas y Profetas, El Conflicto de los Siglos, y El Deseado de Todas las Gentes? Quiero que todos entiendan que mi confianza en la luz que Dios ha dado permanece firme, porque yo sé que el poder del Espíritu Santo magnificó la verdad y la hizo honorable al decir: "Este es el camino, andad por él". En mis libros se presenta la verdad robustecida por un "Así dice el Señor". El Espíritu Santo grabó estas verdades en mi corazón y mi mente en forma tan indeleble como la ley fue grabada por el dedo de Dios en las tablas de piedra que están ahora en el arca, para ser puestas de manifiesto en el gran día cuando se pronuncie sentencia contra toda ciencia mala y seductora producida por el padre de la mentira. —*El Colportor Evangélico, 176.*

Satanás trabajará hábilmente en diferentes formas y mediante diferentes instrumentos para perturbar la confianza del pueblo remanente de Dios en el testimonio verdadero. —*Mensajes Selectos, tomo 1, 54-55.*

Satanás tiene el mayor desprecio por el espíritu de profecía. [6]

Se me dijo que los hombres utilizarán toda clase de subterfugios para tornar menos prominente la diferencia que existe entre la fe de los adventistas del séptimo día y la de quienes observan el primer día de la semana. Todo el mundo participará en esta controversia y hay que tener en cuenta que el tiempo es corto. No es éste el momento de arriar nuestros colores. Me fue presentado un grupo de personas bajo el nombre de adventistas del séptimo día, que aconsejaban que el estandarte o la señal que nos hace un pueblo singular no se hiciera ondear en forma tan destacada; como razón de esto sostenían que no era la mejor política para asegurar el éxito de nuestras instituciones. —*Ibíd., tomo 2, 443.*

Parte de los últimos engaños consistirá en afirmar que el espíritu de profecía enseña cosas que en realidad no está enseñando. El alfa de la apostasía fue culpable de hacer esto. La omega de la apostasía hará lo mismo. *Véase Mensajes Selectos, tomo 1, 237.* Habrá un atentado por parte de algunos adventistas de derribar nuestras características distintivas para que estemos de acuerdo con las enseñanzas evangélicas sobre la salvación. Este engaño es bien evidente en nuestros días dentro de la iglesia. Algunos están enseñando otro evangelio disfrazado de verdad.

Vi que así como los judíos crucificaron a Jesús, las iglesias nominales han crucificado estos mensajes y por lo tanto no tienen conocimiento del camino que lleva al santísimo, ni pueden ser beneficiados por la intercesión que Jesús realiza allí. Como los judíos que ofrecieron sus sacrificios inútiles, ofrecen ellos sus oraciones inútiles al departamento que Jesús abandonó y Satanás, a quien agrada el engaño, asume un carácter religioso y atrae hacia sí la atención de esos cristianos profesos, obrando con su poder, sus señales y prodigios mentirosos, para sujetarlos en su lazo. A algunos los engaña de una manera y a otros, de otra. Tiene diferentes seducciones preparadas para afectar diferentes mentalidades. Algunos consideran con horror un engaño, mientras que reciben otro con facilidad. —*Primeros Escritos, 260.*

El contrahacimiento [falsificación] se asemejará tanto a la realidad, que será imposible distinguirlos sin el auxilio de las Santas Escrituras. Ellas son las que deben atestiguar a favor o en contra de toda declaración, de todo milagro. — *El Conflicto de los Siglos, 651.*

Permítame decirle que el gran día de la prueba está a las puertas de la iglesia. Yo creo que el zarandeo ha empezado. *[7]*

Capítulo 3—El Santuario

De todas las doctrinas enseñadas por la iglesia adventista del séptimo día, ¿cuál es la más distintiva? Hay otros grupos que también guardan el sábado. Hay quienes, fuera de los adventistas, creen que el ser humano es mortal, y que el alma descansa a la hora de la muerte hasta el día de la resurrección. Otros creen en la segunda venida. Pero nuestra enseñanza sobre el santuario es única.

El santuario y la expiación son nuestras doctrinas más identificadoras. Una tragedia real en nuestros días es que en nuestro medio hay hermanos laicos y algunos ministros que saben muy poco acerca del santuario y la expiación final, como ha sido históricamente enseñada por el adventismo fundamental. Un malentendido de este tema producirá un malentendido acerca de la justicia de Cristo, de su naturaleza y también de la perfección del carácter. La verdad acerca de la expiación final es la llave maestra que abre la puerta y nos enfoca todas las otras verdades del evangelio eterno.

La correcta comprensión del ministerio del santuario celestial es el fundamento de nuestra fe. —*El Evangelismo, 165.*

El asunto del santuario fue la clave que aclaró el misterio del engaño de 1844. Reveló todo un sistema de verdades, que formaban un conjunto armonioso y demostraba que la mano de Dios había dirigido el gran movimiento adventista, y al poner de manifiesto la situación y la obra de su pueblo le indicaba cuál era su deber de allí en adelante. *[8]*

Como los discípulos de Jesús, después de la noche terrible de su angustia y desengaño, "se gozaron viendo al Señor," así también se regocijaron ahora los que habían esperado con fe su segunda venida. —*El Conflicto de los Siglos, 476.*

Es cierto que el sacrificio de Cristo en la cruz fue perfecto y completo, pero la obra de la expiación no fue completada allí. Dios nos ha revelado que la segunda fase de la expiación suministrada por Cristo después de 1844 fue tan esencial como lo fue la primera. Esto se enseñaba claramente en el servicio del santuario antiguo. Nótese esta declaración de Levítico 16:

"Y cuando hubiere acabado de expiar el santuario, y el tabernáculo del testimonio, y el altar, hará llegar el macho cabrío vivo: Y pondrá Aarón ambas manos suyas sobre la cabeza del macho cabrío vivo, y confesará sobre él todas las iniquidades de los hijos de Israel, y todas sus rebeliones, y todos su pecados, poniéndolos así sobre la cabeza del macho cabrío, y lo enviará al desierto por mano de un hombre destinado para esto. Y aquel macho cabrío llevará sobre sí todas las iniquidades de ellos a tierra inhabitada: y dejará ir el macho cabrío por el desierto. Después vendrá Aarón al tabernáculo del testimonio y se desnudará las vestimentas de lino, que había vestido para entrar en el santuario, y pondrálas allí. Lavará luego su carne con agua en el lugar del santuario, y después de ponerse sus vestidos saldrá, y hará su holocausto, y el holocausto del pueblo, y hará la reconciliación por sí y por el pueblo." Versículos 20-24.

El aspecto práctico del juicio es que la expiación involucra una prueba real en la demostración del carácter. Cuando Cristo regrese en gloria a juntar a sus santos, la expiación quedará completada.

Aunque la sangre de Cristo habría de librar al pecador arrepentido de la condenación de la ley, no había de anular el pecado; éste queda registrado en el santuario hasta la expiación final; así en el símbolo, la sangre de la víctima quitaba el pecado del arrepentido, pero quedaba en el santuario hasta el día de la expiación. —*Patriarcas y Profetas, 371.*

Así como en la expiación final los pecados de los arrepentidos han de borrarse de los registros celestiales, para no ser ya recordados, en el *[9]* símbolo terrenal eran enviados al desierto y separados para siempre de la congregación. —*Ibíd., 372.*

La intercesión de Cristo por el hombre en el santuario celestial es tan esencial para el plan de la salvación como lo fue su muerte en la cruz. —*El Conflicto de los Siglos, 543.*

Para un estudio más amplio véase El Conflicto de los Siglos 475-476, 483, 534, 681; Primeros Escritos, 252-253.

El camino de Dios está en el santuario. "Vieron tus caminos, oh Dios; Los caminos de mi Dios, de mi Rey, en el santuario." Salmo 68:24. Nunca olvidemos esto. Si hemos de llegar a la tierra prometida, a la Canaán celestial, debemos buscar y seguir el camino de Dios. Su camino se encontrará en el santuario. Sabemos entonces que el diablo—el enemigo de todas las almas por las cuales Cristo murió—hará todo cuanto esté a su alcance para evitar que el pueblo de Dios entienda la doctrina del santuario y encuentre el camino de Dios en el plan de salvación, a través del santuario.

El santuario es el plan de salvación en miniatura. Es una de las marcas o hitos del adventismo. Otros guardan el sábado del séptimo día y entienden y enseñan que el hombre tiene un alma mortal. Pero ninguno ha recibido de Dios la doctrina del santuario—solamente los adventistas del séptimo día. Es la única verdad distinta que poseemos.

Juan, el revelador, nos ha dicho: "Entonces el dragón fue airado contra la mujer; y se fue a hacer guerra contra los otros de la simiente de ella, los cuales guardan los mandamientos de Dios, y tienen el testimonio de Jesucristo." Apocalipsis 12:17. El diablo está enojado con la iglesia, porque guardamos los mandamientos de Dios y tenemos el espíritu de profecía para ser guiados en nuestra organización y en nuestras doctrinas.

El espíritu de profecía—Dios hablando a través de su mensajera Elena G. de White—proyectó la doctrina del santuario, y la iluminó a fin de enfocar nuestros pensamientos en esta hermosa enseñanza. *[10]*

Este hito muy particular, es el que el diablo ha de tratar de quitar a fin de invalidarlo.

Después que la verdad haya sido proclamada como testimonio a todas las naciones, todo poder concebible de maldad será puesto en acción, y las mentes serán confundidas por muchas voces que clamarán: "¡He aquí el Cristo! ¡Helo allí! ¡Esta es la verdad! Yo tengo el mensaje de Dios; él me ha enviado con gran luz". Entonces se removerán los hitos y se tratará de derribar las columnas de nuestra fe. —*Maranatha, El Señor Viene, 195 (187 edición 1976 - 30 de junio) También en The Seventh-day Adventist Bible Commentary, tomo 7, 985 / Comentario Biblico Adventista, Material Suplementario Comentarios de Elena White, 995-996.*

Pero como la profetisa ha escrito tanto sobre este tema, y con tanta claridad, el diablo tiene que destruir primeramente su influencia.

Satanás está constantemente haciendo fuerza por introducir lo espurio a fin de apartar de la verdad. Precisamente, el último engaño de Satanás se hará para que no tenga efecto el testimonio del Espíritu de Dios. "Sin profecía el pueblo será disipado" (Proverbios 29:18, versión Valera antigua). Satanás trabajará hábilmente en diferentes formas y mediante diferentes instrumentos para perturbar la confianza del pueblo remanente de Dios en el testimonio verdadero.

Se encenderá un odio satánico en contra los testimonios. La obra de Satanás será perturbar la fe de las iglesias en ellos por esta razón: Satanás no puede disponer de una senda tan clara para introducir sus engaños y atar a las almas con sus errores si se obedecen las amonestaciones y reproches del Espíritu de Dios. — *Mensajes Selectos, tomo 1,54-55.*

La Inspiración nos ha dicho que a medida que se acerque el tiempo del fin, el diablo -a través de sus agentes- intentaría remover lo que el Señor ha establecido.

Se han presentado como verdades nuevas teorías que no eran verdades y el Espíritu de Dios reveló su error. A medida que se presentaban los grandes pilares de la fe, el Espíritu Santo les prestaba su testimonio, y especialmente esto es cierto con respecto a las verdades del santuario. Muy repetidamente el Espíritu Santo ha respaldado de una manera notable la predicación de esta doctrina. Pero hoy en día, así como en lo pasado, algunos serán inducidos a idear [11] nuevas teorías y a negar las verdades sobre las cuales el Espíritu de Dios ha colocado su aprobación.

En el futuro surgirán engaños de toda clase, y necesitamos terreno sólido para nuestros pies. Necesitamos sólidos pilares para el edificio. No ha de quitarse ni un solo ápice de aquello que el Señor ha establecido. El enemigo presentará falsas doctrinas, tales como la doctrina de que no existe un santuario. Este es uno de los puntos en los cuales algunos se apartarán de la fe. ¿Dónde encontraremos seguridad, a menos que sea en las verdades que el Señor nos ha estado dando durante los últimos cincuenta años?

Se acerca el tiempo en que las facultades engañosas de los agentes satánicos se desarrollarán plenamente. Por un lado está Cristo, a quien se le ha dado todo poder en el cielo y en la tierra. Por el otro lado está Satanás, ejerciendo continuamente su poder para seducir, para engañar con fuertes sofismas espiritistas, para quitar a Dios del lugar que debe ocupar en la mente de los hombres. Satanás está luchando continuamente para sugerir suposiciones fantásticas con respecto al santuario, degradando las maravillosas imágenes de Dios y el ministerio de Cristo por nuestra salvación, a fin de convertirlas en algo que cuadre con la mente carnal. Quita de los corazones de los creyentes el poder director de esas imágenes divinas y lo suple con teorías fantásticas inventadas para anular las verdades de la expiación, y para destruir nuestra confianza en las doctrinas que hemos considerado sagradas desde que fuera dado por primera vez el mensaje del tercer ángel. Así quisiera él despojarnos de nuestra fe en el mismo mensaje que nos ha convertido en un pueblo separado, y que ha dado carácter y poder a nuestra obra. —*El Evangelismo, 167.*

Una de las señales más grandes de que el fin está cerca y que pronto veremos a Jesús es que el espíritu de profecía y el santuario están ahora bajo el ataque directo del enemigo de las almas. En tiempos pasados también se han atacado estos dos pilares de nuestra fe. Repasemos nuestra historia por unos momentos.

El pastor A.F. Ballenger, ministro de la Iglesia Adventista del Séptimo Día, quien sirvió a principios del siglo 20, empezó a enseñar que Cristo entró en el lugar santísimo en el año 31.

Pero escuchemos la voz de Dios que nos habla a través de la Inspiración: *[12]*

> Este ministerio siguió efectuándose durante dieciocho siglos en el primer departamento del santuario. La sangre de Cristo, ofrecida en beneficio de los creyentes arrepentidos, les aseguraba perdón y aceptación cerca del Padre, pero no obstante sus pecados permanecían inscritos en los libros de registro. Como en el servicio típico había una obra de expiación al fin del año, así también,

antes de que la obra de Cristo para la redención de los hombres se complete, queda por hacer una obra de expiación para quitar el pecado del santuario. Este es el servicio que empezó cuando terminaron los 2.300 días. Entonces, así como lo había anunciado Daniel el profeta, nuestro Sumo Sacerdote entró en el lugar santísimo, para cumplir la última parte de su solemne obra: la purificación del santuario...

Así que los que andaban en la luz de la palabra profética vieron que en lugar de venir a la tierra al fin de los 2.300 días, en 1844, Cristo entró entonces en el lugar santísimo del santuario celestial para cumplir con la obra final de expiación preparatoria para su venida. —*El Conflicto de los Siglos, 473-474.*

El asunto del santuario fue la clave que aclaró el misterio del desengaño de 1844. —*Ibíd., 476.*

Pero los temas como el santuario, en relación con los 2.300 días, los mandamientos de Dios y la fe de Jesús, son perfectamente adecuados para explicar el movimiento adventista pasado y cuál es nuestra posición actual, establecer la fe de los que dudan, y dar certidumbre al glorioso futuro. He visto con frecuencia que éstos eran los temas principales en los cuales deben espaciarse los mensajeros. —*Primeros Escritos, 63.*

Elena de White amablemente reprendió al pastor Ballenger por sus enseñanzas acerca de que Cristo había entrado en el lugar santísimo en el año 31 d.C. como también por otros falsos aspectos de su enseñanza sobre el santuario:

En lenguaje claro y sencillo voy a decirles a los que están asistiendo a esta conferencia, que el Hno. Ballenger está permitiendo que su mente reciba y crea un error que suena bien. Ha estado interpretando y aplicando equivocadamente las Escrituras sobre el tema en el cual se ha concentrado. Está construyendo teorías que no están fundadas en la verdad. Una amonestación ha de ser hecha a él y al pueblo; Dios no ha dado ese mensaje que él está esparciendo. Este mensaje, si es aceptado, minará los pilares de nuestra fe.... *[13]*

Una determinación más fuerte de conocer a Cristo y a éste crucificado, le hubiera dado un carácter diferente a la obra del Hno. Ballenger sobre este aspecto. Haciendo esto hubiese ahorrado el tiempo que usó predicando como verdad lo que, si fuera recibido, minaría las potentes verdades que han sido establecidas por siglos. Quien pretende que sus enseñanzas son seguras, mientras que al mismo tiempo está contradiciendo la verdad de Dios, ha llegado a la situación en que debe ser convertido.

Si se recibieran las teorías presentadas por el Hno. Ballenger, ellas inducirían a muchos a apartarse de la fe. Negarían las verdades que el pueblo de Dios ha sostenido durante los últimos cuarenta años. Se me ha pedido que en el nombre del Señor diga que el pastor Ballenger está siguiendo una luz falsa. El Señor no le ha dado ese mensaje que él está predicando en cuanto al santuario y su servicio.

Tengo una advertencia para aquellos que piensan que el Señor les ha dado la obra de revelar las Escrituras bajo una nueva luz. Esta obra significa que están sustituyendo la interpretación que Dios ha dado por la interpretación humana. Así se han pronunciado los mensajeros celestiales sobre los esfuerzos en que se ha metido el Hno. Ballenger. Una Advertencia en Contra de las Falsas Teorías. — *Manuscript Releases, 760.*

Los que creen que el espíritu de profecía es la voz de Dios a su pueblo deben aceptar 1844 como el tiempo en el cual Cristo empezó su obra en el lugar santísimo. Ahora leamos de la pluma inspirada:

> Satanás inventa innumerables medios de distraer nuestras mentes de la obra en que precisamente deberíamos estar más ocupados. El archiseductor aborrece las grandes verdades que hacen resaltar la importancia de un sacrificio expiatorio y de un Mediador todopoderoso. —*El Conflicto de los Siglos, 542.*

> La intercesión de Cristo por el hombre en el santuario celestial es tan esencial para el plan de la salvación como lo fue su muerte en la cruz. Con su muerte dio principio a aquella obra para cuya conclusión ascendió al cielo después de su resurrección. —*Ibíd., 543.*

> Por consiguiente, la proclamación de que el templo de Dios fue abierto en el cielo y fue vista el arca de su pacto, indica que el lugar santísimo del santuario celestial fue abierto en 1844, cuando Cristo entró en él para consumar la obra final de la expiación. —*Ibíd., 486.* **[14]**

> El Señor me mostró en visión, hace más de un año, que el Hno. Crosier tenía la verdadera luz acerca de la purificación del santuario, y que era la voluntad de Dios que el Hno. Crosier presentara por escrito su punto de vista que nos dio en el Day Star Extra, del 7 de febrero de 1846. Yo me siento autorizada por el Señor, para recomendar ese número Extra a cada santo—Una carta de E.G. White al hermano Eli Curtís, en la ciudad de Nueva York, fechada en Topsham, 21 de abril de 1847. —*Únicamente publicada en "Una Palabra para el Pequeño Rebaño". También en Cristo en su Santuario, 9.*

Pero aún así, dicen que la expiación fue hecha y consumada en el Calvario, cuando expiró el Cordero de Dios. Así nos han enseñado los hombres y de esta manera creen el mundo y las iglesias; pero esto no es nada verdadero o sagrado si no tiene el apoyo de la autoridad divina. Es posible que pocos o ninguno de los que sostienen esa opinión hayan probado los cimientos sobre los cuales descansa esa afirmación.

A continuación los puntos de vista del hermano Crosier presentados en el Day Star Extra, del 7 de febrero de 1846, página 41:

1. Si la expiación fue hecha en el Calvario, ¿por quién fue hecha? La obra de la expiación pertenece a un Sacerdote pero ¿quién ofició en el Calvario? Soldados romanos y judíos perversos.
2. La muerte de la víctima no era la realización de la expiación; el pecador mataba la víctima. Levítico 4:1-4, 13-15, etc. Después de esto, el sacerdote tomaba la sangre y realizaba la expiación. Levítico 4:5-12, 16-21.
3. Cristo fue el Sumo Sacerdote designado para realizar la expiación, y ciertamente él no podría haber actuado como tal sino hasta después de su resurrección. Tampoco tenemos ningún registro de que él haya hecho algo semejante sobre la tierra después de su resurrección, algo que pudiera llamarse expiación.
4. La expiación se llevaba a cabo en el santuario, pero el Calvario no era tal lugar.

5. De acuerdo con Hebreos 8:4, él no podría haber hecho la expiación mientras estaba en la tierra. "Así que, si estuviese sobre la tierra, ni aun sería sacerdote." El sacerdocio levítico era el terrenal; el divino, era el celestial. *[15]*
6. De manera que él no empezó la obra de la expiación, cualquiera sea la naturaleza de esa obra, hasta después de su ascensión, cuando por su misma sangre entró en el santuario celestial por nosotros.

Mucho se habla hoy acerca de la expiación que fue consumada en la cruz. Pero como podemos ver por las declaraciones anteriores, que fueron apoyadas por Elena White, Cristo no podría haber actuado como Sumo Sacerdote sino hasta después de su resurrección.

> Aunque la sangre de Cristo había de librar al pecador arrepentido de la condenación de la ley, no había de anular el pecado; éste queda registrado en el santuario hasta la expiación final; así en el símbolo, la sangre de la víctima quitaba el pecado del arrepentido, pero quedaba en el santuario hasta el día de la expiación. —*Patriarcas y Profetas, 371.*

> Así como en la expiación final los pecados de los arrepentidos han de borrarse de los registros celestiales, para no ser ya recordados, en el símbolo terrenal eran enviados al desierto y separados para siempre de la congregación. —*Ibíd., 372.*

Debemos recordar que en la cruz se realizó un sacrificio perfecto, pero la expiación no se completaba sino hasta que el sumo sacerdote salía del lugar santísimo y cruzaba el lugar santo hacia el atrio exterior. Cuando los pecados del pueblo de Dios acumulados por un año, eran puestos sobre el macho cabrío, la expiación estaba terminada.

> Y cuando hubiere acabado de expiar el santuario, y el tabernáculo del testimonio, y el altar, hará llegar el macho cabrío vivo: y pondrá Aarón ambas manos suyas sobre la cabeza del macho cabrío vivo, y confesará sobre él todas las iniquidades de los hijos de Israel, y todas sus rebeliones, y todos sus pecados, poniéndolos así sobre la cabeza del macho cabrío, y lo enviará al desierto por mano de un hombre destinado para esto. Y aquel macho cabrío llevará sobre sí todas las iniquidades de ellos a tierra inhabitada: y dejará ir el macho cabrío sobre el desierto. Después vendrá Aarón al tabernáculo del testimonio, y se desnudará las vestimentas de lino, que había vestido para entrar en el santuario, y las pondrá allí. Lavará luego su carne con agua en el lugar del santuario, y después de ponerse sus vestidos saldrá, y hará su *[16]* holocausto, y el holocausto del pueblo, y hará la reconciliación por sí y por el pueblo. Levítico 16:20-24.

El aspecto práctico del juicio es que la expiación involucra una prueba real que se demuestra en el carácter. Cuando Cristo vuelva en gloria a buscar a sus santos, quedará completa la expiación.

La expiación de Cristo no es meramente una forma hábil de perdonar nuestros pecados; es un remedio divino para la curación de nuestras transgresiones y la restauración de nuestra salud espiritual. Son los medios celestiales ordenados mediante por los cuales la justicia no solamente estará sobre nosotros, sino que también estará en nuestros corazones y caracteres. —*Questions on Doctrine, 668.*[1]

¿Qué significa realmente la purificación del santuario para el pueblo de Dios en esta hora de crisis? ¿Entendemos realmente Daniel 8:14?

El Santuario y los Santos de Cristo

Otro pensamiento sobre el santuario que a menudo se pasa por alto es que cuando los santos se contaminaban, también se contaminaba el santuario.

> Hasta dos mi y trescientos días de tarde y mañana; y el santuario será purificado. Daniel 8:14

Todos están de acuerdo en que el santuario celestial es aquel al cual se refiere Daniel en esta profecía. Pero, ¿se aplica al pueblo de Dios la purificación del santuario celestial? y además ¿lo afecta? Algunos creen que esta purificación es únicamente un acto jurídico de Dios en los cielos, que no hace nada por el alma humana. No es de admirar que Daniel 8:14 no tenga un gran impacto en el corazón de la iglesia.

La profunda relación entre el santuario y los adoradores debe ser claramente establecida. Esta relación es muy estrecha y definida. *[17]*

---

[1] Se tomó la definición del libro "Questions on Doctrine" porque esta declaración concisa resume muy bien los puntos de vista expuestos en la Biblia y el Espíritu de Profecía, no porque el libro en sí tenga autoridad inspirada. Para más información sobre este controversial libro, véase la nota del capítulo 7, página 49.

"Y me fue dada una caña semejante a una vara, y se me dijo: Levántate, y mide el templo de Dios, y el altar, y a los que adoran en él." —*Apocalipsis 11:1.*

De acuerdo con esto, los santos "adoran" en el santuario celestial; ellos "moran en el cielo."

Y abrió su boca en blasfemias contra Dios, para blasfemar su nombre, y su tabernáculo, y a los que moran en el cielo. —*Apocalipsis 13:6.*

Sus cuerpos están sobre la tierra, pero sus pensamientos, sus mentes, sus afectos, su simpatía y sus oraciones, por la fe, están en el templo celestial.

Los que, junto con el conocimiento de la verdad de las Escrituras, tenían el Espíritu y la gracia de Dios, y que en la noche de su amarga prueba habían esperado con paciencia, escudriñando la Biblia en busca de más luz—fueron los que reconocieron la verdad referente al santuario del cielo y al cambio de ministerio del Salvador, y por fe le siguieron en su obra en el santuario celestial. —*El Conflicto de los Siglos, 480.*

Yo soy la vid verdadera, y mi Padre es el labrador. Todo pámpano que en mí no lleva fruto, le quitará: y todo aquel que lleva fruto, lo limpiará, para que lleve más fruto. Ya vosotros sois limpios por la palabra que os he hablado. Estad en mí, y yo en vosotros. Como el pámpano no puede llevar fruto de sí mismo, ni no estuviere en la vid; así ni vosotros, si no estuviereis en mí. Juan 15:1-4.

De la misma manera y en el mismo sentido en que ellos moran en Cristo, moran también en el templo. Así como Jesús y su pueblo son uno, el santuario y el pueblo de Dios son uno. Esto lo revela claramente el símbolo. Cuando los santos eran contaminados, el santuario era contaminado al mismo tiempo.

> Y habló Jehová a Moisés diciendo: Dirás asimismo a los hijos de Israel: Cualquier varón de los hijos de Israel, o de los extranjeros que peregrinan en Israel, que diere de su simiente a Moloc, de seguro morirá: el pueblo de la tierra lo apedreará con piedras. Y yo pondré mi rostro contra el tal varón, y lo cortaré de entre su pueblo; por cuanto dio de su simiente a Moloc, contaminando mi santuario, y amancillando mi santo nombre. —*Levítico 20:1-3. [18]*

> Por tanto, vivo yo, dice el Señor Jehová, ciertamente por haber violado mi santuario con todas tus abominaciones, te quebrantaré yo también: mi ojo no perdonará, ni tampoco tendré yo misericordia. —*Ezequiel 5:11.*

> Cualquiera que tocare en muerto, en persona de hombre que estuviere muerto, y no se purificare, el tabernáculo de Jehová contaminó. Aquella persona será cortada de Israel: por cuanto el agua de la separación no fue rociada sobre él, inmundo será; y su inmundicia será sobre él... Y el que fuere inmundo, y no se purificare, la tal persona será cortada de entre la congregación, por cuanto contaminó el tabernáculo de Jehová; no fue rociada sobre él el agua de separación: es inmundo. —*Números 19:13, 20.*

Cuando el santuario era purificado el pueblo era también purificado.

> Porque en este día se os reconciliará para limpiaros; y seréis limpios de todos vuestros pecados delante de Jehová... Y expiará el santuario santo, y el tabernáculo del testimonio; expiará también el altar, y a los sacerdotes, y a todo el pueblo de la congregación. —*Levítico 16:30, 33.*

La inseparable identidad del santuario y del pueblo está también claramente demostrada en el libro de Daniel. Aquí el profeta contempló el santuario y al pueblo de Dios pisoteados. Ellos compartían la misma suerte en las manos del anticristo.

> Y engrandecióse hasta el ejército del cielo; y parte del ejército y de las estrellas echó por tierra, y las holló. Aun contra el Príncipe de la fortaleza se engrandeció, y por él fue quitado el continuo sacrificio, y el lugar de su santuario fue echado por tierra. Y el ejército fuéle entregado a causa de la prevaricación sobre el continuo sacrificio: y echó por tierra la verdad, e hizo cuanto quiso, y sucedióle prósperamente. —*Daniel 8:10-12*.

Entonces se hace la pregunta: "¿Por cuánto tiempo se extenderá la visión... según la cual ambos, tanto el pueblo de Dios como el santuario, serán pisoteados?" La respuesta es, por 2.300 días. *[19]*

> Y el santuario será purificado [restaurado a su estado original]. Daniel 8:14

¿Por qué el ángel no contestó la pregunta solamente diciendo: "Entonces el santuario y el pueblo de Dios serán restaurados?" Claramente vemos que la restauración del pueblo de Dios está implícita en la restauración del santuario. Si la pregunta no hubiese sido contestada, el interrogador con certeza hubiera vuelto a hacer la pregunta, "¿Cuándo será el pueblo restaurado a su estado justo?" Lo que se deduce es que la restauración del santuario incluye la restauración de los fieles.

Es muy obvio que el santuario no puede ser purificado hasta que no sean limpios aquellos que moran en él. Levítico 16 declara claramente que tanto el santuario como el pueblo eran simbólicamente purificados por los servicios especiales del día de expiación. Numerosos pasajes de la Biblia también nos muestran que la purificación del santuario celestial incluye la purificación de los santos.

> He aquí, yo envío mi mensajero, el cual preparará el camino delante de mí: y luego vendrá a su templo el Señor a quien vosotros buscáis, y el Ángel del pacto, a quien deseáis vosotros. He aquí viene, ha dicho Jehová de los ejércitos. ¿Quién podrá sufrir el tiempo de su venida? o ¿Quién podrá estar cuando él se mostrare?
>
> Porque él es como fuego purificador, y como jabón de lavadores. Y sentarse ha para afinar y limpiar la plata: porque limpiará los hijos de Leví, los afinará como a oro y como a plata; y ofrecerán a Jehová ofrenda con justicia. — *Malaquías 3:1-3*.

El Conflicto de los Siglos, 476-479, declara que este pasaje se refiere al mismo evento de Daniel 8:14. El profeta Malaquías declara aquí: "El Señor a quien buscáis, vendrá súbitamente a su templo... y purificará los hijos de Leví." (El pueblo de Dios). Considere las siguientes declaraciones:

> Cristo está limpiando el templo celestial de los pecados del pueblo, y nosotros debemos trabajar en armonía con él aquí en la tierra, limpiando el templo del alma de su contaminación moral. —*Review and Herald, 11 de febrero de 1890.* [20]

Nosotros estamos en el día de la expiación, y debemos trabajar en armonía con la obra de Cristo en la purificación del santuario de los pecados del pueblo. —*Ibíd., 21 de enero de 1890.*

Daniel 8:14 se refiere a la purificación del santuario del nuevo pacto que se describe en Hebreos 8:1-2:

Así que, la suma acerca de lo dicho es: Tenemos tal pontífice que se sentó a la diestra del trono de la Majestad en los cielos; ministro del santuario, y de aquel verdadero tabernáculo que el Señor asentó, y no hombre.

Elena G. de White se refiere a este santuario como el santuario de los cielos, pero a la vez hace la siguiente aplicación significativa:

El tabernáculo judío era un símbolo de la iglesia cristiana... La iglesia en la tierra, compuesta de aquellos que son fieles y leales a Dios, es el "verdadero tabernáculo", del cual el Redentor es el ministro. Dios, y no el hombre, asentó este tabernáculo sobre una plataforma alta y elevada. Este tabernáculo es el cuerpo de Cristo, y del norte, del sur, del este y del oeste él juntará a quienes ayudarán a formar parte de él... Un santo tabernáculo está constituido por aquellos que reciben a Cristo como su Salvador personal... Cristo es el ministro del tabernáculo verdadero, el sumo sacerdote de todos los que creen en él como su Salvador personal. *The Seventh-day Adventist Bible Commentary*, tomo 7, 931 / CBA, t7, 943[2].

La purificación de los santos es la perfección de los santos. Recuerden que una herejía es la distorsión de la

---

[2] De aquí en adelante "CBA", abreviación de "Comentario Bíblico Adventista"

verdad, un énfasis exagerado en una parte y el descuido de otra importante:

> El sendero de la verdad se halla al lado y cerca del sendero del error, y ambas sendas pueden parecer ser una para las mentes que no son guiadas por el Espíritu Santo y que, por lo tanto, no están prontas para discernir la diferencia entre la verdad y el error. —*Mensajes Selectos, tomo 1, 236.*

Nuestra pereza para estudiar el tema del santuario en todas sus ramificaciones importantes ha sido responsable de la mala *[21]* comprensión, 2 De aquí en adelante "CBA", abreviación de "Comentario Bíblico Adventista" por parte de nuestro pueblo, de las diferencias entre perfección y perfeccionismo.

Dios está esperando que su pueblo esté dispuesto a tener la voluntad de desarrollar el carácter de Cristo, a fin de que nuestro Sumo Sacerdote pueda purificar su santuario.

> Cuando el carácter de Cristo sea perfectamente reproducido en su pueblo, entonces vendrá él para reclamarlos como suyos. —*Palabras de Vida del Gran Maestro, 47.*

Aquí está la norma de Dios hermosamente descrita:

> Difícilmente puede la mente humana entender la anchura, profundidad y altura de las realizaciones espirituales del que obtiene este conocimiento. A nadie se le impide alcanzar, en su esfera, la perfección de un carácter cristiano. Por el sacrificio de Cristo se ha provisto para que los creyentes reciban todas las cosas que pertenecen a la vida y la piedad. Dios nos invita a que

alcancemos la norma de la perfección y pone como ejemplo delante de nosotros el carácter de Cristo. En su humanidad, perfeccionada por una vida de constante resistencia al mal, el Salvador mostró que cooperando con la Divinidad, los seres humanos pueden alcanzar la perfección de carácter en esta vida. Esa es la seguridad que nos da Dios de que nosotros también podemos obtener una victoria completa. —*Los Hechos de los Apóstoles, 423-424.*

A Aquel, pues, que es poderoso para guardaros sin caída, y presentaros delante de su gloria irreprensibles, con grande alegría. —Judas 24.

Para ser salvos debemos tener suficiente fe para creer que Dios tiene suficiente poder para capacitarnos a alcanzar esta gran relación con nuestro Salvador, nuestro sumo sacerdote. Alcanzaremos esa norma buscando su camino en el santuario.

Vieron tus caminos, oh Dios;

Los caminos de mi Dios, de mi Rey,

en el santuario.

Salmo 68:24

[22]

Capítulo 4—Perfección en Cristo

El Creador creó al hombre para que amara tal como Dios lo hacía. En el plan de salvación Dios re-crea al hombre para que vuelva a amar como el ama. Esta será la experiencia de aquellos que reciban la lluvia tardía junto con el fuerte clamor del tercer ángel.

La perfección del carácter es vencer en Cristo, día tras día, mediante el poder del Espíritu Santo.

Cuando el carácter de Cristo sea perfectamente reproducido en su pueblo, entonces vendrá él para reclamarlos como suyos. —*Palabras de Vida del Gran Maestro, 47.*

El que tiene oído, oiga lo que el Espíritu dice a las iglesias. Al que venciere, daré a comer del árbol de la vida, el cual está en medio del paraíso de Dios... El que tiene oído, oiga lo que el Espíritu dice a las iglesias. El que venciere, no recibirá daño de la muerte segunda... El que venciere, poseerá todas las cosas; y yo seré su Dios, y él será mi hijo. —*Apocalipsis 2:7,11; 21:7.*

La vida eterna es únicamente para aquellos que están buscando a Dios de todo corazón y con toda el alma, venciendo como Cristo venció.

Y recorriendo el terreno que el hombre debe recorrer, nuestro Señor ha preparado el camino para que venzamos. No es su voluntad que seamos puestos en desventaja en el conflicto con Satanás. No quiere que nos intimiden ni desalienten los asaltos de la serpiente. "Tened buen ánimo—dice—yo he vencido al mundo." Juan 16:33. —*El Deseado de Todas las Gentes, 98; véase también Confrontation, 64. [23]*

Difícilmente puede la mente humana entender la anchura, profundidad y altura de las realizaciones espirituales del que obtiene este conocimiento.

A nadie se le impide alcanzar, en su esfera, la perfección de un carácter cristiano. Por el sacrificio de Cristo se ha provisto para que los creyentes reciban todas las cosas que pertenecen a la vida y a piedad. Dios nos invita a que alcancemos la norma de perfección y pone como ejemplo delante de nosotros el carácter de Cristo. En su humanidad, perfeccionada por una vida de constante resistencia al mal, el Salvador mostró que, cooperando con la Divinidad, los seres humanos pueden alcanzar la perfección de carácter en esta vida.

Esa es la seguridad que nos da Dios de que nosotros también podemos obtener una victoria completa. —*Los Hechos de los Apóstoles, 423-424.*

...Con infinito amor y misericordia había sido trazado el plan de salvación y se le otorgaba [al hombre] una vida de prueba. La obra de la redención debía restaurar en el hombre la imagen de su Hacedor, hacerlo volver a la perfección con que había sido creado, promover el desarrollo del cuerpo, la mente y el alma, a fin de que se llevase a cabo el propósito divino de su creación. Este es el objeto de la educación, el gran objeto de la vida. —*La Educación, 13.*

Cuando el carácter de Cristo sea perfectamente reproducido en su pueblo, entonces vendrá él para reclamarlos como suyos. —*Palabras de Vida del Gran Maestro, 47.*

El Señor requiere la perfección de su familia redimida. Espera de nosotros la perfección que Cristo reveló en su humanidad. —*Conducción del Niño, 450.*

Se requiere obediencia exacta, y aquellos que dicen que es imposible vivir una vida perfecta, lanzan sobre Dios la imputación de injusticia y mentira. —*Review and Herald, 7 de febrero de 1957.*

Cristo murió para que fuese posible dejar de pecar. —*Review and Herald, 28 de agosto de 1894.*

Mientras estemos unidos con él por la fe, el pecado no tendrá dominio sobre nosotros. Dios extiende su mano para alcanzar la mano de nuestra fe y dirigirla a asirse de la divinidad de Cristo, a fin de que nuestro carácter pueda alcanzar la perfección. —*El Deseado de Todas las Gentes, 99.*
[24]

No hay disculpa para el pecado. Un temperamento santo, una vida semejante a la de Cristo, es accesible para todo hijo de Dios arrepentido y creyente.

El ideal del carácter cristiano es la semejanza con Cristo. Como el Hijo del hombre fue perfecto en su vida, los que le siguen han de ser perfectos en la suya. —*Ibíd., 278.*

También vi que muchos ignoran lo que deben ser a fin de vivir a la vista del Señor durante el tiempo de angustia....

Vi que nadie podrá participar del "refrigerio" a menos que haya vencido todas las tentaciones y triunfado del orgullo, el egoísmo, el amor al mundo y toda palabra y obra malas. —*Primeros Escritos, 70-71.*

Dios no nos pide una imposibilidad. Cuando estamos listos a fusionar nuestra voluntad con la suya, él provee el poder para que vivamos como él desea que vivamos.

Por su perfecta obediencia ha hecho posible que cada ser humano obedezca los mandamientos de Dios. Cuando nos sometemos a Cristo, el corazón se une con su corazón, la voluntad se fusiona con su voluntad, la mente llega a ser una con su mente, los pensamientos se sujetan a él; vivimos su vida. Esto es lo que significa estar vestidos con el manto de su justicia. —*Palabras de Vida del Gran Maestro, 253.*

Nosotros podemos y debemos vencer en Cristo. Pero debemos entender que vamos a Cristo tales como somos; que Dios nos ama y nos acepta en el Amado; que en Cristo somos completos; que estamos en él y él en nosotros; que mientras estamos en él estamos cubiertos con su justicia y mientras él está en nosotros, está obrando su justicia en nosotros. También debemos saber que él recuerda que somos polvo. El nos salvará utilizando todos los medios que pueda. Algunos serán salvados por la muerte y otros por la traslación. Algunas declaraciones se aplican a aquellos a quienes él salvará por medio de la muerte, y otras, específicamente, a los que serán aptos para la traslación. Véase Efesios 1:6; Colosenses 2:10; Juan 14:17-20.

Cuando Cristo venga nuestros cuerpos viles serán cambiados, y hechos a la semejanza de su cuerpo glorioso; pero el carácter vil no será santificado ese día. La transformación del carácter debe ocurrir antes de *[25]* su venida; nuestra naturaleza deberá ser pura y santa; tenemos que tener la mente de Cristo, a fin de que él pueda contemplar con placer su imagen reflejada en nuestras almas. Our High Calling, 278 / Nuestra Elevada Vocación 280.

La obra del perfeccionamiento es la obra de Dios en el alma, la cual debe estar llevándose a cabo ahora mismo en nuestras vidas diarias.

Cuando él venga no habrá de limpiarnos de nuestros pecados, para remover de nosotros los defectos de nuestro carácter, o para curarnos de las debilidades de nuestro temperamento y disposición.

Si se realiza esta obra, deberá ser realizada antes que llegue ese día. Cuando el Señor venga, aquellos que estén santificados seguirán siendo santos. Aquellos que han preservado sus cuerpos y espíritus en santidad, en santificación y honor, recibirán entonces el toque final de la inmortalidad. Testimonies, tomo 2, 355 / Testimonios para la Iglesia, tomo 2, 317.

Ser redimido significa cesar de pecar. —*Review and Herald, 25 de septiembre 1900.*

Ninguno de nosotros recibirá jamás el sello de Dios mientras nuestros caracteres tengan una mancha o arruga. Testimonies, tomo 5, 214 / Testimonios para la Iglesia, tomo 5, 199.

El sellamiento de Dios es un establecimiento en la verdad, en forma intelectual y espiritual, para que no seamos movidos. (Comentario Bíblico Adventista del Séptimo Día, tomo 4, 1183). Esa obra está en proceso ahora mismo. Los caracteres están recibiendo el molde celestial por medio de la búsqueda de Jesús con todo el corazón. Lo encontramos por fe en el santuario. Cualquier cosa que no sea buscarlo con todo el corazón, significa estar perdido.

> La misma imagen de Dios se ha de reproducir en la humanidad. El honor de Dios, el honor de Cristo, están comprometidos en la perfección del carácter de su pueblo. —*El Deseado de Todas las Gentes, 625.*

Debemos recordar que ésta es la obra de Dios en el alma. Nuestra parte consiste en aferramos a la Palabra, rendirnos a la omnipotencia de Cristo y su Espíritu Santo, estar dispuestos a permitirles realizar su obra en nosotros—y estar *[26]* disponibles para la realización de sus deseo en nosotros mediante su gracia. Cuando nos entregamos a él sin reservas y le permitimos pleno y total acceso a nuestras vidas, el asume la total responsabilidad de nuestro perfeccionamiento. Este no es un mensaje descorazonador, es el glorioso mensaje de lo que Dios ha prometido realizar en las vidas de aquellos que se someten a la obra purificadora de la Palabra, del espíritu de profecía y del Espíritu Santo. La obediencia es un don recibido por fe, así como la justificación se realiza por fe: la una es instantánea, la otra se logra diariamente durante toda la vida.

> Varias personas me han escrito preguntando si el mensaje de la justificación por la fe es el mensaje del tercer ángel, y les he respondido: "Es ciertamente el mensaje del tercer ángel". —*El Evangelismo, 143.*

El mensaje de la justicia de Cristo ha de resonar de un extremo de la tierra hasta el otro, para preparar el camino del Señor. Esta es la gloria de Dios que termina la obra del tercer ángel. —*Joyas de los Testimonios, tomo 2, 374.*

Si la iglesia hubiese recibido este mensaje y lo hubiese practicado cuando le fue dado por primera vez en 1888, nuestro Señor Jesús ya hubiera enviado la lluvia tardía, la obra se hubiera terminado muy pronto y Jesús hubiera venido a este mundo poco tiempo después de 1888.

Si el propósito de Dios de dar al mundo el mensaje de misericordia hubiese sido llevado a cabo por su pueblo, Cristo habría venido ya a la tierra, y los santos habrían recibido su bienvenida en la ciudad de Dios. —*Joyas de los Testimonios, tomo 3, 72.*

Rápidamente podemos ver que como iglesia hemos fallado. El estar todavía en este mundo es una evidencia irrebatible de que hemos seguido en las mismas pisadas del Israel de antaño.

Las trampas de Satanás están colocadas para nosotros con tanta seguridad como lo estuvieron para los hijos de Israel justamente antes de su entrada en la tierra prometida de Canaán. Estamos repitiendo la *[27]* historia de ese pueblo. La liviandad, la vanidad, el amor al placer y a la comodidad, el egoísmo y la impureza están aumentando entre nosotros. Existe ahora una gran necesidad de hombres que sean firmes y que no teman declarar todo el consejo de Dios; hombres que no duerman como lo hacen otros, sino que velen y estén sobrios. Conociendo como conozco la gran carencia de santidad y poder de nuestros ministros, tengo una profunda pena al ver los esfuerzos por la exaltación propia. Si ellos pudieran ver a Cristo tal como él es, y verse a sí mismos como son, tan débiles, tan incompetentes, tan diferentes de su Maestro, dirían: "Si mi nombre estuviera escrito en la parte más obscura del libro de la vida, me bastaría. Tan indigno soy de la atención de Cristo." Testimonies, tomo 5,160/Testimonios para la Iglesia t5, 149.

El mensaje de 1888 fue designado por Dios para terminar la obra y llevarnos al reino.

[28]

Capítulo 5—La Justificación por la Fe

¿Qué es la justificación por la fe?

Esta es una buena pregunta, porque es la doctrina más mal entendida dentro del adventismo. Muchos son los que han vestido esta bella doctrina con un misticismo y una teología complicada—hasta el punto en que el hermano laico promedio de la iglesia está confundido.

No podemos entender la justificación por la fe hasta que no vayamos a donde el hombre perdió su justicia. Adán y Eva perdieron su justicia porque perdieron su confianza en Dios, y al hacerlo perdieron su conexión con él.

Cuando Adán vio a su bellísima esposa corriendo hacia él en el jardín con la fruta en sus manos, supo que estaba casado con una pecadora. Dejó de confiar en que Dios tendría una solución para el problema del pecado en Eva. Decidió que prefería estar casado con esta bella pecadora antes que estar con Dios. Comió de la fruta y se convirtió también en un pecador, desconectándose así del Espíritu de Dios. De esta manera, la luz de su presencia divina se desvaneció. Así, ambos estuvieron desnudos y desprovistos de la justicia de Dios.

Cristo vino al huerto con un plan para restaurar a los dos pecadores a su estado original y a su hogar. Pero primero debían recibir como un regalo la fe de Jesús, en virtud de la cual volverían a poseer justicia. Véase Apocalipsis 14:12 y Gálatas 2:16, 20. *[29]*

Cuando el pecador desea la fe de Jesús, Cristo se la imparte y de esta manera está justificado y santificado. Porque su voluntad está unida a la de Cristo, su mente es entonces una con la mente del Redentor. Sus pensamientos son traídos en cautividad a él. Él está entonces en condiciones para vivir la vida de Cristo por el poder del Espíritu Santo. Esto es lo que significa estar vestido con el manto de su justicia. Véase Palabras de Vida del Gran Maestro, 253, 316; Our High Calling, 212 (Nuestra Elevada Vocación, 214)

Esto es lo que sucedió en el Pentecostés. Ellos tenían en primer lugar, la fe de Jesús; después, la justicia de Jesús, la vida de Jesús y el amor de Jesús. Ellos encaraban toda situación de la vida como lo haría Jesús.

La Justificación es obediencia a la ley de Dios

La verdadera obediencia es el resultado de la obra efectuada por un principio implantado dentro. Nace del amor a la justicia, el amor a la ley de Dios. La esencia de toda justicia es la lealtad a nuestro Redentor. Esto nos inducirá a hacer lo bueno porque es bueno, porque el hacer el bien agrada a Dios. Palabras de Vida del Gran Maestro, 70.

La ley demanda justicia, y ante la ley, el pecador debe ser justo. Pero es incapaz de serlo. La única forma en que puede obtener la justicia es mediante la fe. Por la fe puede presentar a Dios los méritos de Cristo, y el Señor coloca la obediencia de su Hijo en la cuenta del pecador. La justicia de Cristo es aceptada en lugar del fracaso del hombre, y Dios recibe, perdona y justifica al alma creyente y arrepentida, la trata como si fuera justa, y la ama como ama a su Hijo. De esta manera, la fe es imputada a justicia y el alma perdonada avanza de gracia en gracia, de la luz a una luz mayor. Puede decir con regocijo: "No por obras de justicia que nosotros hubiéramos hecho, sino por su misericordia, por el lavamiento de la regeneración y por la renovación en el Espíritu Santo, el cual derramó en nosotros abundantemente por Jesucristo, nuestro Salvador, para que justificados por su gracia viniésemos a ser herederos conforme a la esperanza de la vida eterna". (Tito 3:5-7). Mensajes Selectos, tomo 1, 430-431. *[30]*

Capítulo 6—La Justificación y la Santificación

La justificación y la santificación son los pilares de nuestra fe que algunos están tratando de remover mediante la distorsión de la verdad. Recuérdese que una herejía es una amplificación indebida de una parte de la verdad acompañada de la negligencia de otra parte. Algunos están amplificando la justificación y empequeñeciendo la santificación. La justificación y la santificación son dos remos que Dios ha provisto para mantener el barco de la salvación en su curso.

> La justicia exterior da testimonio de la justicia interior. El que es justo por dentro, no muestra corazón duro ni falta de simpatía, sino que día tras día crece a la imagen de Cristo y progresa de fuerza en fuerza. Aquel a quien la verdad santifica, tendrá dominio de sí mismo y seguirá en las pisadas de Cristo hasta que la gracia dé lugar a la gloria. La justicia por la cual somos justificados es imputada; la justicia por la cual somos santificados es impartida. La primera es nuestro derecho al cielo; la segunda, nuestra idoneidad para el cielo. Mensajes para los Jóvenes, 32.
>
> La santificación no es obra de un momento, una hora, o un día, sino de toda la vida. No se la consigue por medio de un feliz arranque de los sentimientos, sino que es el resultado de morir constantemente pecado y vivir cada día para Cristo. No pueden corregirse los males ni producirse reformas en el carácter por medio de esfuerzos débiles e intermitentes. Solamente venceremos mediante un

prolongado y perseverante trabajo, penosa disciplina y duro conflicto. Los Hechos de los Apóstoles, 447-448. *[31]*

[La santificación es] no meramente una teoría, una emoción, o una forma de palabras, sino un principio vivo y activo que entra en la vida cotidiana. Requiere que nuestros hábitos en el comer, beber y vestir, sean tales que aseguren la preservación de la salud física, mental y moral, de manera que podamos presentar al Señor nuestros cuerpos, no como una ofrenda corrompida por los malos hábitos, sino como "un sacrificio vivo, santo, agradable a Dios". Consejos sobre el Régimen Alimenticio, 195.

No existe tal cosa como santificación instantánea. La verdadera santificación es una obra diaria, que continúa por toda la vida. La Edificación del Carácter y la Formación de la Personalidad, 8.

Cristo es nuestro justificador cuando él ve que estamos tristes por el pecado y queremos dejar de pecar (véase 2 Corintios 7:9-11).

La justificación y la santificación fueron prometidas a los seres caídos de la raza humana por el Cordero de Dios que, por su entrega, fue inmolado desde la fundación del mundo.

> Empero tú, habla lo que conviene a la sana doctrina: ... Porque la gracia de Dios que trae salvación a todos los hombres, se manifestó ... Para que, justificados por su gracia, seamos hechos herederos según la esperanza de la vida eterna. Tito 2:1,11; 3:7

Pero los seres humanos hacen su parte aceptando el regalo de la justificación. Solamente Dios puede dar arrepentimiento.

A éste ha Dios ensalzado con su diestra por Príncipe y Salvador, para dar a Israel arrepentimiento y remisión de pecados. Hechos 5:31

El pecador debe sentir su gran necesidad de justificación. Entonces Cristo lo justifica. Cuando la restauración del hombre ha empezado por fe, Dios nuevamente le puede confiar su justicia, y él nuevamente puede volver a vivir y amar como Dios vive y ama. Esto es santificación. La santificación es la obra de una vida entera. Pero la justificación y la santificación no pueden separarse. Cuando uno es justificado por Cristo es también santificado por Cristo mediante el Espíritu Santo (véase Juan *[32]* 17:9; 1 Corintios 1:2; Hebreos 10:10; Juan 16:8, 13, 14; 1 Corintios 1:30; Romanos 6:19 y 1 Tesalonicenses 4:3).

Porque no nos ha llamado Dios a inmundicia, sino a santificación. 1 Tesalonicenses 4:7.

La santificación es un llamado a santidad por medio del Espíritu. Es la fe de Jesús y la obra del Espíritu Santo, que mantienen el alma en toda la verdad, momento tras momento.

La fe y las obras son dos remos que debemos usar en forma pareja si hemos de avanzar contra la corriente de la incredulidad. The Faith I Live By, 115 véase El Ministerio de la Bondad 332.

El ladrón en la cruz fue justificado y santificado. Jesús miró su alma y vio que tenía un firme arrepentimiento "que da por resultado la salvación, y no hay nada que lamentar" y siendo así, Cristo lo justificó. Véase 2

Corintios 7:10 en la Reina-Valera o también en la Biblia de Jerusalén. El Espíritu Santo entró en su vida y lo guardó de pecar hasta que murió. Él fue santificado. El ladrón no pudo ser bautizado, así que el bautismo de Jesús lo cubrió, porque el manto de justicia del Salvador había sido colocado sobre él. El Espíritu Santo nos ha de guardar del pecado. Esta es la santificación. Aunque el ladrón no alcanzó el pleno desarrollo del carácter cristiano, porque no hubo tiempo, siendo que en unas pocas horas moriría, Cristo lo contó como justo porque él vio su alma y vio que toda la rebelión se había ido. Era apto para ser salvo y estaba listo para entrar en el reino para vivir por la eternidad, o para seguir viviendo y crecer en la santificación. Esto es justificación y santificación. Podemos unirnos a los grandes santos de la Biblia en esta experiencia.

> En el cielo se mide su idoneidad como obreros por su capacidad de amar como Cristo amó y trabajar como él trabajó... La perfección del carácter cristiano se obtiene cuando el impulso de ayudar y beneficiar a otros brota constantemente de su interior... Tal amor no es un impulso, sino un principio divino, un poder permanente. El corazón [33] que no ha sido santificado no puede originarlo ni producirlo. Únicamente se encuentra en el corazón en el cual reina Cristo. Los Hechos de los Apóstoles, 440.

La fe se extiende más allá para aceptar más que el perdón. Acepta el hecho de que Dios tiene suficiente poder para guardarnos del pecado si fusionamos nuestra voluntad con la suya.

Por la fe en Cristo se puede suplir toda deficiencia de carácter, purificar toda impureza, corregir toda falta, y desarrollar toda buena cualidad. La Educación, 251.

La obediencia es la prueba de la justificación y el verdadero discipulado.

Dios requiere la entrega completa del corazón antes de que pueda efectuarse la justificación. Y al fin de que el hombre retenga la justificación, debe haber una obediencia continua mediante fe activa y viviente que obre por el amor y purifique el alma. Mensajes Selectos, tomo 1, 429.

¿Qué se entiende por la entrega completa del corazón?

¿Qué es santificación? Es entregarse a sí mismo enteramente y sin reserva, alma, cuerpo y espíritu a Dios... Es por medio de la verdad, por el poder del Espíritu Santo, como somos santificados, transformados a la semejanza de Cristo... Debe haber una aceptación incondicional de la verdad, de todo corazón, un rendimiento sin reserva del alma a su poder transformador. Our High Calling, 212 / Nuestra Elevada Vocación 214.

Debe renunciarse a cada pecado como a lo aborrecible que crucificó al Señor de la vida y de la gloria, y el creyente debe tener una experiencia progresiva al hacer continuamente las obras de Cristo. La bendición de la justificación se retiene mediante la entrega continua de la *[34]* voluntad y la obediencia continua.

Los que son justificados por la fe deben tener un corazón que se mantenga en la senda del Señor. Una evidencia de que el hombre no está justificado por la fe es que sus obras no correspondan con su profesión. Santiago dice: "¿No ves que la fe obró con sus obras, y que la fe fue perfecta por las obras?" (Santiago 2:22). Mensajes Selectos, tomo 1, 464-465.

Resumiendo este tema tan importante encontramos que el perdón y la justificación son una y la misma cosa.

Perdón y justificación son una y la misma cosa. The Seventh-day Adventist Bible Commentary, tomo 6, 1070 / CBA, t6, 1070 / Nuestra Elevada Vocación, 53.

Pero no podemos ser perdonados o justificados mientras voluntariamente practicamos el pecado o somos negligentes al deber que conocemos (véase The Faith I Live By, 115 / La fe por la Cual Vivo,113). Cristo nos guía primeramente a sentir nuestra gran necesidad. Entonces nos da el arrepentimiento (Hechos 5:31). Debido a que el pecador tiene tanto pesar por el pecado, está determinado por el poder del Espíritu Santo a dejar de pecar. Siente ahora un odio por el pecado, y está deseoso de ser hecho apto para tributarle una obediencia amante a Cristo y a su ley hasta el más pequeño detalle. Entonces Cristo maravillosamente lo perdona o lo justifica, y Dios el Padre ya no mira más al pecador, sino a un santo cubierto por el bello manto de la justicia de su Hijo (véase El Camino a Cristo, 62).

Él está tanto justificado como santificado y seguro de ser salvo. *[35]*

Capítulo 7—La Naturaleza de Cristo

Al estudiar este tema con algunos, hemos encontrado a quienes creen que por el poder del Espíritu Santo el hombre puede vencer el pecado en esta vida. Sin embargo no aceptan el hecho de que Jesús tomó nuestra naturaleza caída. ¿Por qué debe esto resultarles una dificultad? Si hay suficiente poder para guardarnos del pecado, ¿por qué es tan difícil aceptar que Jesús bajó a nuestro nivel y tomó la naturaleza caída sin cometer nunca un pecado? El Espíritu Santo, que nos ha de guardar del pecado después del sellamiento y la lluvia tardía, guardó a Jesús de cometer pecado.

Primero necesitamos examinar la posición de los pioneros sobre la naturaleza de Cristo como se encuentra en el libro Bible Readings for the Home, edición de 1915, 174:

> Cristo participó de nuestra naturaleza pecaminosa caída, en su humanidad. De lo contrario, no fue hecho a semejanza nuestra que somos sus hermanos; no fue tentado en todos los puntos como somos nosotros, ni venció como nosotros debemos vencer. Por tanto no es el Salvador completo y perfecto que el hombre necesita y que debe tener a fin de ser salvo. La idea de que Cristo nació de una madre inmaculada, sin pecado, y que no heredó la tendencia al pecado, lo quita de la esfera de un mundo caído, y del preciso lugar en donde se necesita su ayuda. En

cambio, por el lado humano, Cristo heredó simplemente lo que hereda cada hijo de Adán—una naturaleza pecaminosa. Por el lado divino, desde su concepción fue concebido por el Espíritu Santo. Todo esto fue hecho para colocar a la humanidad en un terreno ventajoso, y para demostrar que de la misma manera, todo aquel que es nacido del Espíritu, podrá ganar victorias similares sobre el pecado en su propia *[36]* carne pecaminosa. De esta manera, cada uno ha de vencer como Cristo venció. Apocalipsis 3:21. Sin este nacimiento no puede haber victoria sobre la tentación y no hay salvación del pecado. Juan 3:3-7.

El espíritu de profecía nos enseña este concepto. Los Hnos. Waggoner y Jones lo predicaron, (véase Cristo y su justicia, por Waggoner, 25-32).

Un pequeño pensamiento será suficiente para demostrarle a cualquiera que si Cristo tomó sobre sí la semejanza del hombre a fin de redimir al hombre, debió haber sido al hombre pecador a quien se igualó, porque fue al hombre pecador a quien Él vino a redimir. La muerte no podría tener ningún poder sobre un hombre sin pecado, como era Adán en el Edén; y no podría haber tenido poder sobre Cristo, si el Señor no hubiera tomado sobre sí la iniquidad de todos nosotros. Por otro lado, el hecho de que Cristo tomó sobre sí mismo la carne, no la de un ser sin pecado, sino la de un hombre pecador; es decir que la carne que Él asumió tenía todas las debilidades y tendencias hacia el pecado a las cuales la naturaleza humana pecaminosa está sujeta, se demuestra por la siguiente declaración: "Él fue hecho de la simiente de David de acuerdo a la carne". David tenía todas las tendencias de la naturaleza humana, pecaminosa. Él dice de sí mismo: "He aquí que en iniquidad fui formado y en pecado me concibió mi madre". Cristo y su justicia, 26-27

A través de todos sus escritos y predicaciones encontramos que Waggoner y Jones adoptan la posición de que Cristo bajó hasta nuestro nivel—que tomó sobre sí la naturaleza caída del hombre. Dios nunca pudo haber inspirado o apoyado el mensaje de estos hombres si ellos hubieran estado equivocados en este punto tan vital. No se puede separar la naturaleza de Cristo de sus mensajes.

El misterio de la crucifixión y el misterio de la resurrección no es otra cosa que el misterio de la encarnación. No podemos entender la obra del Infinito—¿Cómo pudo él crear el mundo de la nada? ¿Cómo pudo haber creado hermosos seres humanos a su imagen y semejanza y convertirlos en almas vivientes únicamente por el soplo de su aliento? ¿Puede alguien explicar cómo Cristo resucitó a Lázaro de nuevo a la vida y cómo obra él por *[37]* medio del Espíritu Santo en nuestras vidas?— El no creer estas cosas básicas nos haría incrédulos.

¿Por qué es tan difícil para la mente intelectual aceptar el hecho de que Cristo tomó sobre sí nuestra naturaleza pecaminosa? Debe ser suficiente para nosotros el aceptar lo que Dios nos ha dicho en su Palabra o por el espíritu de profecía sin dudar de cosa que aún las mentes de los ángeles y de los seres no caídos de los mundos perfectos no pueden sondear.

> No hay nadie que pueda explicar el misterio de la encarnación de Cristo. Con todo, sabemos que él vino a esta tierra y vivió como hombre entre los hombres. Comentario

Bíblico Adventista del Séptimo Día, tomo 5, 1104 / Exaltad a Jesús, 229.

Empecemos nuestro estudio sobre este importante aspecto, con este pensamiento de la mensajera del Señor:

> La humanidad del Hijo de Dios es todo para nosotros. Es la cadena de oro que une nuestras almas a Cristo y a través de Cristo a Dios. Este ha de ser nuestro estudio. The Seventh-day Adventist Bible Commentary, tomo 7, 904 / CBA, t7, 916 / Mensajes Selectos, t1, 286.

Pero nuestro estudio debe ser moderado con este consejo:

> Sed cuidadosos, sumamente cuidadosos en la forma en que os ocupáis de la naturaleza de Cristo... Evitad toda cuestión que se relacione con la humanidad de Cristo que pueda ser mal interpretada. La verdad y la suposición tienen no pocas similitudes. Comentario Bíblico Adventista del Séptimo Día, tomo 5,1102-1103.

¿Qué es lo que la Biblia tiene que decir acerca de la encarnación?

> Y aquel verbo fue hecho carne, y habitó entre nosotros (y vimos su gloria, gloria como del unigénito del Padre), lleno de gracia y de verdad. Juan 1:14.

Las palabras no pudieron ser más claras. Dios se hizo carne. ¿Qué clase de carne? ¿La de Adán antes de la caída o la carne de David? *[38]*

> Acerca de su Hijo, que fue hecho de la simiente de David según la carne. Romanos 1:3

> Porque lo que era imposible a la ley, por cuanto era débil por la carne, Dios, enviando su Hijo en semejanza de

carne de pecado, y a causa del pecado, condenó al pecado en la carne. Romanos 8:3.

Así que, por cuanto los hijos participaron de carne y sangre, él también participó de lo mismo, para destruir por la muerte al que tenía el imperio de la muerte, es a saber, al diablo. Y librar a los que por el temor de la muerte estaban por toda la vida sujetos a servidumbre. Porque ciertamente no tomó a los ángeles, sino a la simiente de Abrahán tomó. Por lo cual, debía ser en todo semejante a los hermanos, para venir a ser misericordioso y fiel Pontífice ante Dios, para expiar los pecados del pueblo. Porque en cuanto él mismo padeció siendo tentado, es poderoso para socorrer a los que son tentados. Hebreos 2:14-18.

La carne de Cristo era la de David. Esta es la razón por la cual la genealogía de Cristo fue cuidadosamente preservada para demostrar que Cristo tomó sobre sí la naturaleza caída y pecaminosa de David.

Arropado en las vestimentas de la humanidad, el Hijo de Dios bajó hasta el nivel de aquellos a quienes vino a salvar. En él no hubo engaño ni pecado. Siempre fue puro y sin contaminación. Con todo, tomó sobre sí la naturaleza pecaminosa. Vistió su divinidad con la humanidad, a fin de asociarse con la humanidad caída. —Review and Herald, 15 de diciembre de 1896.

Si no hubiera tenido la naturaleza del hombre, no podría ser nuestro ejemplo. Mensajes Selectos, tomo 1, 477.

Cristo no tomó la naturaleza humana en forma aparente. La tomó de verdad. En realidad, poseyó la naturaleza humana (véase Hebreos 2:14). Era el hijo de María; era de la simiente de David de acuerdo con la ascendencia humana. Se declara de él que era hombre, el hombre Cristo Jesús. Ibíd., 290.

Adán no estaba sujeto a la muerte sino hasta que pecó y fue privado del árbol de la vida. ¿Pudo haber muerto Cristo *[39]* si hubiera tenido la naturaleza sin pecado de Adán antes de que éste pecara? No más de lo que Adán hubiera muerto antes de la caída. (Cristo tuvo que tomar sobre sí la naturaleza caída y pecaminosa, o de otra manera no hubiera podido morir en el Calvario).

La muerte no tiene poder alguno sobre seres sin pecado, pero él tomó sobre sí los pecados del mundo en nuestra naturaleza pecaminosa. Fue nuestra naturaleza pecaminosa la que lo hizo sudar sangre en el huerto de Getsemaní. Ella fue la que le dio también muerte en la cruz del Calvario. Él tomó nuestra naturaleza caída desde su infancia hasta la cruz.

> Él vino para estar a la cabeza de la raza caída, para compartir sus experiencias desde la niñez hasta la virilidad. Comentario Bíblico Adventista del Séptimo Día, tomo 5, 1102.

A fin de tomar su posición a la cabeza de la raza humana caída, tenía que tener nuestra naturaleza, pero sin pecado—una ofrenda perfecta.

> A pesar de que los pecados de un mundo culpable pesaban sobre Cristo, a pesar de la humillación que implicaba el tomar sobre sí nuestra naturaleza caída, la voz del cielo lo declaró Hijo del Eterno. —El Deseado de Todas las Gentes, 87.

Pero cuando Adán fue asaltado por el tentador, no pesaba sobre él ninguno de los efectos del pecado. Gozaba de una plenitud de fuerza y virilidad, así como del perfecto vigor de la mente y el cuerpo. Estaba rodeado por las glorias del Edén, y se hallaba en comunión diaria con los seres celestiales. No sucedía lo mismo con Jesús cuando entró en el desierto para luchar con Satanás. Durante cuatro mil años, la familia humana había estado perdiendo fuerza física y mental, así como valor moral; y Cristo tomó sobre si las flaquezas de la humanidad degenerada. Únicamente así podía rescatar al hombre de las profundidades de su degradación.

Muchos sostienen que era imposible para Cristo ser vencido por la tentación. En tal caso, no podría haberse hallado en la posición de Adán; no podría haber obtenido la victoria que Adán dejó de ganar. Si en algún sentido tuviésemos que soportar nosotros un conflicto más duro que el que Cristo tuvo que soportar, él no podría socorrernos. Pero nuestro Salvador tomó la humanidad con todo su pasivo. Se vistió *[40]* de la naturaleza humana, con la posibilidad de ceder a la tentación. No tenemos que soportar nada que él no haya soportado. Ibíd., 91-92.

Habría sido una humillación casi infinita para el Hijo de Dios revestirse de la naturaleza humana, aun cuando Adán poseía la inocencia del Edén. Pero Jesús aceptó la humanidad cuando la especie se hallaba debilitada por cuatro mil años de pecado. Como cualquier hijo de Adán, aceptó los efectos de la gran ley de la herencia. Y la historia de sus antepasados terrenales demuestra cuáles eran aquellos efectos. Más él vino con una herencia tal para compartir nuestras penas y tentaciones, y darnos el ejemplo de una vida sin pecado. Ibíd., 32.

Notemos que el cuerpo y la naturaleza que Cristo tomó ambas son caídas.

Fue la voluntad de Dios que Cristo tomara la forma y la naturaleza del hombre después del pecado, de modo que él fuese perfeccionado a través del sufrimiento, y soportara él mismo, la fuerza de las tentaciones de Satanás, a fin de saber cómo socorrer a los que fuesen tentados. Spiritual Gifts, tomo 4, 115-116 (cap 38, "The Messiah").

Cristo nunca complació la naturaleza pecaminosa caída que él tomó. Nosotros tampoco debemos de hacerlo.

Debemos darnos cuenta de que a través de la fe en él, es nuestro privilegio ser participantes de la naturaleza divina, y así huir de la corrupción que está en el mundo a causa de la concupiscencia, o sea, la codicia. Entonces, somos limpiados de todo pecado, de todos los defectos de carácter. No necesitamos retener una sola inclinación al pecado. The Seventh-day Adventist Bible Commentary, tomo 7, 943 / CBA, t7, 954 / La Maravillosa Gracia, 235.

Cristo no consintió en pecar, ni siquiera una sola vez. Nosotros lo hemos hecho, no obstante, podemos desarrollar aun ahora un carácter perfecto mediante la gracia de Dios, al permitir que el Espíritu Santo haga su obra de regeneración. Cuando mi carácter sea como su carácter, ya no tendré más inclinación al pecado.

El apóstol nos llama la atención al Autor de nuestra salvación. Presenta ante nosotros sus dos naturalezas, la divina y la humana... Voluntariamente, Él tomó la naturaleza humana. Fue un acto propio de *[41]* Él, y por su consentimiento. Él vistió su divinidad con humanidad. Él era todo el tiempo como Dios, pero no apareció como Dios. —Review and Herald, 5 de julio de 1887.

La gran obra de redención podía ser llevada adelante solamente por el Redentor, tomando el lugar del caído Adán. Con los pecados del mundo sobre Él, El debería atravesar el terreno donde Adán fracasó. —Review and Herald, Febrero 24, 1874.

Él tomó sobre su naturaleza sin pecado, nuestra naturaleza pecaminosa, para que así supiese socorrer a los que son tentados. —Medical Ministry, 181 / El Ministerio Médico, 237.

La palabra clave es tomó. Esa fue la manera en que él asumió nuestra naturaleza.

Porque no tenemos un Pontífice que no se pueda compadecer de nuestras flaquezas; mas tentado en todo según nuestra semejanza, pero sin pecado. Hebreos 4:15.

Combinando nuestra naturaleza pecaminosa con la divinidad, él desarrolló un carácter perfecto.

Cristo desarrolló un carácter perfecto en la naturaleza humana… Fue acosado por las tentaciones más fieras, tentado en todos los puntos así como los hombres; sin embargo, él desarrolló un carácter perfectamente recto. Ni una mancha de pecado fue hallada en él. —Signs of the Times, 16 de enero de 1896.

Si Cristo tenía la naturaleza de Adán antes de la caída, no podía ser tentado en su interior. Al aceptar la degeneración de la raza humana después de 4.000 años de fracaso, él fue tentado de adentro como también de afuera, pero nunca cedió, ni una sola vez. Las siguientes citas nos van a demostrar que él tenía las mismas urgencias internas, debido a que tomó nuestra naturaleza pecaminosa.

Porque no tenemos un Pontífice que no se pueda compadecer de nuestras flaquezas; mas tentado en todo según nuestra semejanza, pero sin pecado. Hebreos 4:15. Él tomó nuestra naturaleza caída y pecaminosa y desarrolló un carácter perfecto. *[42]*

Cristo desarrolló un carácter perfecto en la naturaleza humana… Fue acosado por las tentaciones más fieras, tentado en todos los puntos así como los hombres; sin embargo, él desarrolló un carácter perfectamente recto. Ni una mancha de pecado fue hallada en él. Signs of the Times, 16 de enero de 1896.

Aunque él sentía toda la fuerza de la pasión de la humanidad, nunca cedió a la tentación de hacer un solo acto que no fuera puro, elevador, y ennoblecedor. In Heavenly Places, 155 / En Lugares Celestiaes, 157.

La vida de Cristo era una guerra continua en contra de las agencias de Satanás. Éste reunió todas las fuerzas de la apostasía en contra del Hijo de Dios. El conflicto aumentó en ferocidad y malignidad, al ser rescatada vez tras vez la presa de sus manos.

Satanás asaltó a Cristo por medio de toda forma concebible de la tentación. Review and Herald, 29 de octubre de 1895.

En nuestra propia fortaleza, nos es imposible negarnos a los clamores de nuestra naturaleza caída. Por su medio, Satanás nos presentará tentaciones. Cristo sabía que el enemigo se acercaría a todo ser humano para aprovecharse de las debilidades hereditarias y entrampar, mediante sus falsas insinuaciones, a todos aquellos que no confían en Dios. Y recorriendo el terreno que el hombre debe recorrer, nuestro Señor ha preparado el camino para que venzamos. —El Deseado de las Todas las Gentes, 98.

Dios nos ha llamado a la gloria y a la virtud. No tenemos derecho a asemejarnos al mundo en el vestir, en la conversación y en su estilo de vida. Dios nos ha dado una elevada norma para alcanzar. A fin de capacitar al hombre para llegar a ella, Dios envió al mundo a su Hijo unigénito. Cristo hizo un sacrificio infinito en nuestro favor. Puso a un lado su corona regia y su manto real, revistió su divinidad con humanidad, y vino al mundo a enseñar a los hombres las leyes de la vida y la salvación, las que ellos debía cumplir al pie de la letra a fin de tener vida eterna en el reino de gloria.

Satanás sostenía que era imposible que los seres humanos pudieran guardar la ley de Dios. A fin de probar la falsedad de esta denuncia, Cristo dejó su elevado imperio, tomó sobre sí la naturaleza del hombre y vino a la tierra para colocarse a la cabeza de la raza caída, a fin de **[43]** mostrar que la humanidad podía soportar las tentaciones de Satanás. Se convirtió en la Cabeza de la humanidad, para ser asaltado con tentaciones en cada punto, como la naturaleza humana caída habría de ser tentada, a fin de que pudiera saber cómo socorrer a los que son tentados. Llevando nuestra naturaleza, fue leal a la norma de justicia de Dios y obtuvo la victoria sobre Satanás. Fue tentado en todo tal como nosotros lo somos, pero sin pecado.

Antes que Cristo viniera en persona para revelar el carácter de su Padre, Satanás pensó que tenía a todo el mundo de su lado, y todavía hoy el enemigo está empeñado en ganar la partida con cada uno. Trata de introducir disensión y divisiones. Pero si somos partícipes de la naturaleza divina, permaneceremos unidos. Que nadie piense que nuestras iglesias podrán gozar de la bendición de Dios mientras haya desunión en ellas. Hemos de ser representantes de Cristo en este mundo. Él nos llamó a la gloria y la virtud. Tal como Cristo representó al Padre, así debemos hacerlo ante el mundo, porque al representar a Cristo estamos representando al Padre, quien se encuentra en todo lugar para ayudar donde sea necesario. Alza tus Ojos, 170.

Satanás mostró su conocimiento de los puntos débiles del corazón humano, y puso en acción su poder hasta el máximo para aprovecharse de las debilidades de la humanidad que Cristo había tomado para vencer sus tentaciones en lugar del hombre. The Seventh-day Adventist Bible Commentary, tomo 7,930 / CBA, t7, 941.

La tentación es resistida cuando el hombre es poderosamente influenciado a cometer un acto de maldad, y, sabiendo que lo puede hacer, por fe resiste, aferrado firmemente al poder divino. Ésta fue la rigurosa prueba por la que Cristo pasó. —The Youth Instructor, 20 de julio de 1899.

En su humanidad, el Hijo de Dios luchó con las mismísimas terribles y aparentemente abrumadoras tentaciones que asaltan al hombre: tentaciones a complacer el apetito, a aventurarse atrevidamente donde Dios no nos conduce, y a adorar al dios de este mundo, a sacrificar una eternidad de bienaventuranza por los placeres fascinadores de esta vida. Mensajes Selectos, tomo 1, 111-112.

Él [Jesús] conoce cuán fuertes son las inclinaciones del corazón natural. Testimonies, tomo 5, 177 / Testimonios para la Iglesia, t5, 165.

Sabe por experiencia lo que es la flaqueza humana, lo que son nuestras necesidades, y en qué consiste la fuerza de nuestras tentaciones, *[44]* porque fue "tentado en todo según nuestra semejanza, pero sin pecado". (Hebreos 4:15). El Ministerio de Curación, 47.

Nuestro Salvador vino a este mundo a soportar en la naturaleza humana todas las tentaciones con las cuales el hombre es acosado. —Hijos e Hijas de Dios, 230.

Cristo fue puesto en la prueba más apremiante, la cual requirió la fuerza de todas sus facultades para resistir la inclinación cuando estuvo en peligro, de usar sus poderes para liberarse a sí mismo del peligro, y triunfar sobre el poder del príncipe de las tinieblas. —Review and Herald, 1 de abril de 1875.

Presento ante vosotros al Ejemplo... Enfrentó y resistió las tentaciones de Satanás tan realmente como cualquiera de los hijos de la humanidad. Solamente en este sentido podía él ser un ejemplo perfecto para el hombre. Fue hecho semejante a nosotros para así llegar a conocer todas las tentaciones con las cuales el hombre es atacado. Asumió todas las debilidades y llevó todos los pesares de los hijos de Adán. Our High Calling, 57 / Nuestra Elevada Vocación 59.

Cristo es el único que experimentó todas las penas y tentaciones que sobrevienen a los seres humanos. Nunca fue tan fieramente perseguido por la tentación otro ser nacido de mujer. La Educación, 74.

Los ángeles vinieron y ministraron a nuestro Señor en el desierto de la tentación. Los ángeles celestiales estuvieron con él todo el tiempo que estuvo expuesto a los ataques de los instrumentos satánicos. Esos ataques fueron más severos que los que jamás haya soportado el hombre... En ese conflicto, la humanidad de Cristo fue puesta a prueba en forma tal que ninguno de nosotros comprenderá jamás.... Las tales fueron tentaciones verdaderas, no artificiales. Cristo "padeció siendo tentado" (Hebreos 2:18). Mensajes Selectos, tomo 1, 110-111.

El [Cristo] no sólo se desterró de las cortes celestiales, sino que por nosotros corrió el riesgo de fracasar y de perderse eternamente. —El Deseado de Todas las Gentes, 105.

Si Satanás hubiera logrado con su tentación que Cristo pecara en lo mínimo, habría herido la cabeza del Salvador. Tal como sucedieron las cosas, sólo le pudo herir el talón. Si hubiera sido tocada la cabeza de Cristo, habría perecido la esperanza de la raza humana. La ira divina habría descendido sobre Cristo así como descendió sobre Adán. Hubieran quedado sin esperanza Cristo y la iglesia. —Signs of the Times, 9 de junio de 1898 / Mensajes Selectos, t1, 299. *[45]*

En sus últimas horas, mientras colgaba de la cruz, él experimentó plenamente lo que el hombre debe experimentar cuando lucha contra el pecado. Él reconoció cuán malo puede llegar a ser el hombre al ceder al pecado. —The Youth Instructor, 20 de julio de 1899.

¿Era entonces Cristo diferente de nosotros? ¿Le dio esto alguna ventaja sobre nosotros?

Jesús no reveló cualidades ni ejerció facultades que los hombres no pudieran tener por la fe en él. Su perfecta humanidad es lo que todos sus seguidores pueden poseer si quieren vivir sometidos a Dios como él vivió. —El Deseado de Todas las Gentes, 619-620.

Como hombre, suplicaba ante el trono de Dios, hasta que su humanidad se cargaba de una corriente celestial que unía la humanidad con la Divinidad. Recibía vida de Dios, y la impartía a los hombres. —La Educación, 76.

Cuando supliquemos ante el trono de Dios como lo hizo él, tendremos el poder que él tuvo. ¿Tenía realmente Cristo alguna ventaja sobre mí? La respuesta es "sí" y "no".

NO. Él fue tentado más severamente de lo que seremos tentados nosotros. Él tenía una divinidad; yo no la tengo. El diablo lo provocó treinta y tres años, tratando de conseguir que utilizara su divinidad para guardarlo de la tentación o del pecado. La experiencia del desierto fue un lugar en donde fue tentado a usar su divinidad. También lo fue su diaria confrontación con los líderes de la iglesia, y finalmente lo fue la cruz. El utilizó únicamente al Espíritu Santo para guardarlo del pecado y para obrar los milagros. Su divinidad era pues una desventaja.

Si hubiese existido una sola desviación de la mente divina en la obra de Cristo, el plan de la redención hubiera resultado un fracaso. —Review and Herald, 15 de febrero de 1898.

SÍ. Cristo tenía una ventaja en cierto sentido. Él tenía una voluntad santificada, desde su nacimiento hasta la cruz. Él nació con la naturaleza con que nacemos nosotros cuando nacemos de nuevo—una humanidad combinada con la divinidad. *[46]*

Jesucristo es nuestro ejemplo en todas las cosas. Él comenzó la vida, pasó las experiencias de ésta, y terminó con una voluntad santificada. Fue tentado en todos los puntos como lo somos nosotros, y con todo, porque mantuvo su voluntad rendida y santificada, nunca se inclinó en el más mínimo grado hacia el mal ni manifestó rebelión alguna contra Dios. —Signs of the Times, 29 de octubre de 1894.

Como Dios, él escogió a María para que fuera su madre. Ella fue elegida debido a su piedad, su devoción y su amor a Dios. María era todo lo que Dios podía encontrar en una madre humana, una pecadora, pero llena del amor a Dios y a sus semejantes. Jesús aceptó los resultados de la gran ley de la herencia, con los buenos y malos rasgos, como se muestra en la historia de sus antepasados terrenales. Los buenos rasgos que María tenía eran de valor tanto en las experiencias prenatales como postnatales de Jesús. Así como todo hijo sumiso, él miraba a María como representante de la voluntad de Dios. Cuando María rendía su voluntad a la voluntad de Dios, Jesús aprendía a escoger lo bueno y a rechazar lo malo por la morada interna del Espíritu Santo.

Algunos han usado una cita del libro Questions on Doctrine[3] (Preguntas sobre Doctrina) a fin de tratar de

---

[3] Para más información sobre este controversial libro, llamado "el libro más divisivo" publicado por la Iglesia Adventista, le sugerimos la lectura de "La historia de Preguntas sobre Doctrina" y "La Teología de Preguntas sobre Doctrina" por Russel y Colin Standish. También véase "El terremoto evangélico que derrumbó los pilares de nuestra iglesia" por Vance Ferrell.

probar que Cristo tomó la naturaleza caída de Adán anterior a la caída.

Analicemos el siguiente párrafo de Questions on Doctrine, 650:

A Cristo se lo llama el segundo Adán. En pureza, en santidad, conectado con Dios y amado de Dios, empezó donde el primer Adán comenzó. Atravesó voluntariamente el terreno en donde Adán cayó, y redimió el fracaso de Adán.

Recordemos que esta cita fue tomada de una carta enviada al Hno. Baker, que estaba en Tasmania, quien había aceptado la doctrina errada del adopcionismo (esta dice que Cristo era un ser humano que fue adoptado por Dios como su Hijo al nacer). En esta carta Elena G. de White discute la divinidad eterna de Cristo, no su naturaleza humana. Creemos que esto puede ser puesto en la perspectiva debida en las siguientes citas: *[47]*

¡Qué amor! ¡Qué admirable condescendencia! ¡El Rey de gloria dispuesto a humillarse descendiendo hasta el nivel de la humanidad caída! Colocaría sus pies en las pisadas de Adán. Tomaría la naturaleza caída del hombre y entraría en combate para contender con el poderoso enemigo que triunfó sobre Adán. Vencería a Satanás, y al hacerlo abriría el camino para la redención de todos los que creyeran en él, salvándolos de la ignominia del fracaso y la caída de Adán. —Comentario Bíblico Adventista del Séptimo Día, tomo 1, 1099.

La gran obra de la redención podría realizarse únicamente si el Redentor tomaba el lugar del Adán caído. —Review and Herald, 24 de febrero de 1874.

La encarnación es un gran misterio. Pero podemos estar absolutamente seguros de que Cristo bajó hasta nuestro nivel. El tomó la naturaleza pecaminosa, caída, nuestra naturaleza. De no haber sido así, no pudo haber sido tentado como lo somos nosotros, y por tanto, no pudo haber sido nuestro Salvador. Las siguientes citas de la mensajera del Señor establecen sin lugar a dudas que Cristo tomó la naturaleza caída y pecaminosa.

> Cristo no estuvo en una situación tan favorable para resistir las tentaciones de Satanás en el desolado desierto, como lo estuvo Adán cuando fue tentado en el Edén. El Hijo de Dios se humilló y tomó la naturaleza del hombre después de que la raza humana ya hacía cuatro mil años que se había apartado del Edén y de su estado original de pureza y rectitud. Durante siglos, el pecado había estado dejando sus terribles marcas sobre la raza humana, y la degeneración física, mental y moral prevalecía en toda la familia humana.
>
> Cuando Adán fue atacado por el tentador en el Edén, estaba sin mancha de pecado. Estaba en toda la fortaleza de su perfección delante de Dios. Todos los órganos y facultades de su ser estaban igualmente desarrollados y armoniosamente equilibrados.
>
> En el desierto de la tentación, Cristo estuvo en el lugar de Adán para soportar la prueba que éste no había podido resistir. Aquí venció Cristo en lugar del pecador, cuatro mil años después de que Adán dio la espalda a la luz de su hogar. Separada de la presencia de Dios, la familia humana se había apartado cada vez más, en cada generación sucesiva, de la pureza, la sabiduría y los conocimientos originales que Adán poseyera en el Edén. Cristo llevó los

pecados y las debilidades de la raza humana tal como existían cuando vino a la tierra para ayudar al *[48]* hombre. Con las debilidades del hombre caída sobre Él, en favor de la raza humana había de soportar las tentaciones de Satanás en todos los puntos en los que pudiera ser atacado el hombre...

Adán se hallaba en la perfección de su virilidad, y era la más noble obra del Creador. Estaba creado a la imagen de Dios, pero era un poco menor que los ángeles.

¡Qué contraste el del segundo Adán cuando fue al sombrío desierto para hacer frente, sin ninguna ayuda, a Satanás! Desde la caída, la raza humana había estado disminuyendo en tamaño y en fortaleza física, y hundiéndose más profundamente en la escala de la dignidad moral, hasta el período del advenimiento de Cristo a la tierra. Y a fin de elevar al hombre caído, Cristo debía alcanzarlo donde estaba. Él tomó la naturaleza humana y llevó las debilidades y la degeneración del hombre. Él que no conoció pecado, llegó a ser pecado por nosotros. Mensajes Selectos, tomo 1, 313-314.

Citamos nuevamente de la pluma inspirada:

En Cristo se unieron lo divino y lo humano: el Creador y la criatura. La naturaleza de Dios, cuya ley había sido transgredida, y la naturaleza de Adán, el transgresor, se encontraron en Jesús—el Hijo de Dios, y el Hijo del Hombre. The Seventh-day Adventist Bible Commentary, tomo 7, 926 / CBA, t7, 938.

Cristo vino a la tierra a contrarrestar la falsedad de Satanás de que Dios había hecho una ley que nadie podía cumplir. Tomando la humanidad sobre sí mismo, vino a esta tierra, y mediante una vida de obediencia demostró que Dios no ha hecho ley alguna que el hombre no pueda cumplir. Demostró que es posible que el hombre guarde la ley de Dios. Aquellos que acepten a Cristo como su Salvador, y llegan a ser partícipes de su naturaleza divina, son capacitados para seguir su ejemplo, viviendo en obediencia a cada precepto de la ley. Por medio de los méritos de Cristo, el hombre debe demostrar por su obediencia, que se podrá confiar en él en el cielo, que no se rebelará. The Faith I Live By, 114 / La Fe por la cual Vivo, 116.

En Resumen

Jesús tomó la naturaleza de Adán, el transgresor, para demostrar que el hombre podía guardar la ley de Dios que nunca cambia, y que mediante el poder del Espíritu Santo podía vencer *[49]* en cada punto, a todo mal temperamento, cada pecado, cada tentación, y tener la victoria plena de Jesús, y finalmente sentarse con él (véase Testimonies, tomo 1,144/Testimonios para la Iglesia, t1, 136). El misterio de la piedad es que Cristo haya tomado la naturaleza humana caída sobre la naturaleza divina. Él hizo esto para que nosotros pudiéramos recibir la naturaleza divina, lo cual nuevamente es el misterio de la piedad. Como dice san Pablo, "Este misterio... que es Cristo en vosotros la esperanza de gloria." Colosenses 1:27, (véase también Romanos 16:25, 26; 15:18, 19). A fin de poder entender la naturaleza de la piedad debemos primeramente entender la naturaleza de Cristo. Debemos ver que él nunca se separó de su Padre por haber nacido, sino que la humanidad, en la condición en que se encontraba en los días de María, fue colocada sobre la divina, sin sustituirla. Él era plenamente divino como era plenamente humano. Por nuestra parte, nosotros, al nacer en esto mundo, no tenemos esta misma conexión con el Padre. Nosotros estamos desvinculados, debido al rechazo que Adán hizo de Dios en el Edén. Pero mediante el nuevo nacimiento, Cristo nos conecta nuevamente con el Padre a través de sí mismo, restaurando nuevamente el misterio de la piedad en el hombre.

Si llegamos a ser participantes de la naturaleza divina podemos ser puros, santos e inmaculados. La Deidad no se hizo humana, ni lo humano se hizo divino por la unión de estas dos naturalezas. —Mensajes Selectos, tomo 3, 147

Él tenía un cuerpo humano y una mente humana. —Mensajes Selectos, tomo 3, 146; véanse también las páginas 144-160 del mismo libro. *[50]*

Capítulo 8—La Fe y las Obras

Para completar estos capítulos, que tratan sobre el esfuerzo que algunos hacen para quitar los hitos, debemos estudiar aún otro tema de suma importancia. Nuestros pioneros creyeron que debía haber una mezcla de fe y obras, que las obras eran una reacción espontánea de la verdadera fe. Los pensadores evangélicos nos quieren hacer creer que la fe en el Señor Jesucristo es lo único que necesitamos, que la fe es únicamente la aceptación de la salvación. Esto es lo que las iglesias de Babilonia han estado predicando. Ellas hacen a un lado la obediencia a Cristo, a su ley; y solamente creen que él los salvará, sin importarles lo que hagan. Creen que Cristo es el que realiza la conducción del vehículo, y que nos sentamos descansadamente en el asiento trasero. Pero el creer es confiar en Dios para obtener el poder de obedecer, en cada punto de la verdad. Dejad que la voz y la pluma de la inspiración lo expliquen:

> La fe es el medio por el cual la verdad o el error encuentran abrigo en la mente. Por el mismo acto de la mente se recibe la verdad o el error, pero hay una gran diferencia en que creamos la Palabra de Dios o los dichos de los hombres. Mensajes Selectos, tomo 1, 406.

> Muchos dicen hoy: "Cree, solamente cree, y vivirás." La fe y las obras van juntas. El creer y el hacer se entremezclan. El Señor no requiere menos del alma, ahora,

que lo que requirió de Adán en el paraíso, antes de la caída: perfecta obediencia, justicia impecable. —Ibid., 438. *[51]*

Hay muchos que claman: "Cree, solamente cree." Preguntadles qué habréis de creer. ¿Habréis de creer las mentiras forjadas por Satanás contra la ley de Dios, santa, justa y buena? Dios no usa su grande y preciosa gracia para anular su ley, sino para establecerla. —ibíd., 407.

Los demonios creen y tiemblan. Creer no es suficiente a menos que haya un cambio en la vida, y la vida se extienda por los caminos de Dios.

Dios requiere la entrega completa del corazón antes de que pueda efectuarse la justificación. Y a fin de que el hombre retenga la justificación, debe hacer una obediencia continua mediante una fe activa y viviente que obre por el amor y purifique el alma. Ibíd., 429.

La gracia es un atributo de Dios puesto al servicio de los seres humanos indignos. Nosotros no la buscamos, sino que fue enviada en busca nuestra. Dios se complace en concedernos su gracia, no porque seamos dignos de ella, sino porque somos rematadamente indignos. Lo único que nos da derecho a ella es nuestra gran necesidad. —El Ministerio de Curación, 119.

El que está intentando alcanzar el cielo por sus propias obras al guardar la ley, está intentando un imposible. El hombre no puede ser salvado sin la obediencia, pero sus obras no deben ser propias.

Cristo debe efectuar en él tanto el querer como el hacer la buena voluntad de Dios. Si el hombre pudiera salvarse por sus propias obras, podría tener algo en sí mismo por lo cual regocijarse. El esfuerzo que el hombre pueda hacer con su propia fuerza para obtener la salvación está representado por la ofrenda de Caín. Todo lo que el hombre pueda hacer sin Cristo está contaminado con egoísmo y pecado, pero lo que se efectúa mediante la fe es aceptable ante Dios. El alma hace progresos cuando procuramos ganar el cielo mediante los méritos de Cristo. Contemplando a Jesús, el autor y consumador de nuestra fe, podemos proseguir de fortaleza en fortaleza, de victoria en victoria, pues mediante Cristo la gracia de Dios ha obrado nuestra completa salvación. Mensajes Selectos, tomo 1,426-427.

Aunque debemos hacer nuestra parte, es Dios el que debe proporcionar la ayuda, y santificarnos. Cristo nos hace contritos de corazón a fin de que nos pueda perdonar. Nosotros tenemos la idea de que debemos hacer una parte de la obra solos. Tenemos la idea también de que hay por lo menos dos o tres pasos que debemos tomar sin ayuda o apoyo alguno. Pero no es así. Review and Herald, 19 de Marzo de 1889. *[52]*

No hay nada que podamos generar dentro o fuera de nosotros que nos haga dignos de la salvación. Pero si no hacemos nada nos perderemos.

La parte que el hombre debe realizar en la salvación del alma es la de creer en Cristo Jesús como el Redentor perfecto, no de otro hombre, sino de su propio ser.

Cristo imputa la perfección suya y su justicia al pecador creyente cuando éste no continúa en el pecado, sino que se vuelve de la transgresión a la obediencia de los mandamientos.

Aunque Dios puede ser justo y aun justificar al pecador con los méritos de Cristo, ningún hombre puede cubrir su alma con el manto de la justicia de Cristo mientras esté practicando pecados conocidos, o siendo negligente a deberes que él ya conoce. The Faith I Live By, 115 / La Fe por la cual Vivo, 117.

¿Se aferrará el hombre del poder divino, y con determinación y perseverancia resistirá a Satanás así como Cristo le ha dado el ejemplo en el conflicto con el enemigo en el desierto de la tentación? Dios no puede salvar al hombre del poder de los artificios de Satanás en contra de su voluntad. El hombre debe trabajar con su poder humano auxiliado por el poder divino de Cristo, a fin de ser capaz de resistir y vencer a cualquier costo. En resumidas cuentas, el hombre debe vencer así como Cristo venció. Luego, mediante la victoria que es su privilegio alcanzar en el nombre todopoderoso de Jesús, podrá llegar a ser un coheredero con Cristo. Este no hubiera sido el caso si Cristo solo hubiera logrado toda la victoria. El hombre debe hacer su parte; el debe ser vencedor por su esfuerzo, por medio de la fuerza y la gracia que Cristo le da. El hombre debe trabajar en unión con Cristo en la labor de vencer, y así será partícipe con Cristo en su gloria. Testimonies for the Church, tomo 4, 32-33 / Testimonios para la Iglesia, t4, 36.

¿Cuál es, pues, nuestra parte? Buscar el reino de Dios con violencia espiritual. Necesitamos tener la misma determinación y perseverancia que tuvo Jacob junto al arroyo Jaboc, si hemos de ganar la corona del vencedor.

Y me buscaréis y hallaréis, porque me buscaréis de todo vuestro corazón. Jeremías 29:13. *[53]*

Cualquier cosa que no sea buscarlo de todo corazón es fútil. Necesitamos estar continuamente dispuestos a que Dios nos disponga a fusionar nuestra voluntad con la suya.

El Señor no se propone realizar el querer o el hacer en lugar de nosotros. Esta es nuestra tarea propia. Al entrar fervientemente en la obra, la gracia de Dios es dada para producir en nosotros el querer y el hacer, pero nunca como sustituto de nuestros esfuerzos. Nuestras almas han de ser despertadas para cooperar. El Espíritu Santo obra en el agente humano para que realicemos nuestra propia salvación. Esta es la lección práctica que el Espíritu Santo está luchando para enseñarnos. Testimonios para los Ministros, 243.

Porque Dios es el que en vosotros obra así el querer como el hacer, por su buena voluntad. Filipenses 2:13

Y todos los que quieran ser obreros juntamente con Dios, deben esforzarse por alcanzar la perfección de cada órgano del cuerpo y cada cualidad de la mente. La verdadera educación es la preparación de las facultades físicas, mentales y morales para la ejecución de todo deber; es el adiestramiento del cuerpo, la mente y el alma para el servicio divino. Esta es la educación que perdurará en la vida eterna. Palabras de Vida del Gran Maestro, 265.

Nadie diga: No puedo remediar mis defectos de carácter. Si llegáis a esta conclusión, dejaréis ciertamente de obtener la vida eterna. La imposibilidad reside en vuestra propia voluntad. Si no queréis, no podéis vencer. La verdadera dificultad proviene de la corrupción de un corazón no santificado y de la falta de voluntad para someterse al gobierno de Dios. Recordad que nunca alcanzaréis una norma más elevada que la que vosotros mismos os fijéis.

Proponeos, pues, un blanco alto, y ascended todo el largo de la escalera del progreso paso a paso, aunque represente penoso esfuerzo, abnegación y sacrificio. Que nada os estorbe. El destino no ha tejido sus redes alrededor de ningún ser humano tan firmemente que éste tenga que permanecer impotente y en la incertidumbre. Las circunstancias adversas deberían crear una firme determinación de vencerlas. El quebrantar una barrera dará mayor habilidad y valor para seguir adelante. Avanzad con determinación en la debida dirección, y las circunstancias serán vuestros ayudadores, no vuestros obstáculos. Ibíd., 266-267. *[54]*

No estaremos seguros si dejamos de escudriñar las Escrituras diariamente en procura de luz y conocimiento. Las bendiciones terrenales no pueden ser obtenidas sin esfuerzo, y ¿podemos esperar que las bendiciones espirituales y celestiales vengan sin que haya un esfuerzo ferviente de nuestra parte? Mensajes Selectos, tomo 1, 421.

Así también la fe, si no tuviere obras, es muerta en sí misma.

Pero alguno dirá: Tú tienes fe, y yo tengo obras: muéstrame tu fe sin tus obras, y yo te mostraré mi fe por mis obras. Vosotros veis, pues, que el hombre es justificado por la obras, y no solamente por la fe. Santiago 2:17-18,24.

Recordemos que las obras que son aceptas a Dios son las que resultan espontáneamente de una relación de amor con Jesús. Esto es completamente diferente que el que las obras de la carne traten de ganar una relación. Empezamos con una relación y recibimos la victoria. Terminamos con una relación más profunda, y la victoria viene a nuestro encuentro por el poder del Espíritu Santo.

Porque por gracia sois salvos por la fe; y esto no de vosotros, pues es don de Dios: No por obras, para que nadie se gloríe. Porque somos hechura suya, criados en Cristo Jesús para buenas obras, las cuales Dios preparó para que anduviésemos en ellas. Efesios 2:8-10.

El corazón orgulloso lucha para ganar la salvación; pero tanto nuestro derecho al cielo como nuestra idoneidad para él, se hallan en la justicia de Cristo. El Señor no puede hacer nada para sanar al hombre hasta que, convencido éste de su propia debilidad y despojado de toda suficiencia propia, se entrega al dominio de Dios. Entonces puede recibir el don que Dios espera concederle. De nada es privada el alma que siente su necesidad. Ella tiene acceso sin reserva a Aquel en quien mora toda la plenitud. El Deseado de Todas las Gentes, 267.

Todos están personalmente expuestos a las tentaciones que Cristo venció, pero la fuerza se les suple en el todopoderoso nombre del gran Conquistador...

Aunque Cristo ganó una victoria sin precio en favor del hombre al vencer las tentaciones de Satanás en el desierto, esta victoria no le será beneficiosa al pecador a menos que gane la victoria por su propia cuenta. Confrontation, 64.
[55]

Recordemos que por fe el hombre ha de ser restaurado a una relación perfecta con su Creador y Redentor. Entonces se le podrá confiar la justicia de Cristo y podrá llegar a amar como ama Dios. Esto es lo que sucedió en el Pentecostés. Los que estaban reunidos en el aposento alto tenían la fe de Jesús, la humildad de Jesús, su justicia, su amor, y estaban viviendo la vida de Jesús por fe, y haciendo sus obras. El amor de Jesús es justicia, y la justicia es poder, y así descendió el poder en la lluvia temprana. Ellos estaban unánimes en la misma fe—nada los podía separar del amor de Cristo. Véase Romanos 8:35-39. *[56]*

Capítulo 9—El Verdadero Zarandeo del Adventismo

El zarandeo del adventismo es una realidad. La iglesia está siendo zarandeada hoy por la nueva teología.

Existen tres fases en el zarandeo. La primera fase comenzó cuando los hombres extendieron su mano a través del abismo al mundo evangélico con Barnhouse y Martin y con la revista Eternidad (Eternity) a mediados de la década de los cincuenta.[4] La segunda fase se producirá debido al testimonio directo. La tercera fase del zarandeo es la persecución.

> Dios despertará a sus hijos; si otros medios fracasan, se levantarán herejías entre ellos, que los zarandearán, separando el tamo del trigo. El Señor invita a todos los que creen su Palabra a que despierten. Ha llegado una luz preciosa, apropiada para este tiempo. Es la verdad bíblica, que muestra los peligros que están por sobrecogernos. Joyas de los Testimonios, tomo 2, 312.

> Cuando venga el zarandeo, por la introducción de falsas teorías, estos lectores superficiales, que no están anclados en ningún lugar, serán como la arena movediza. Testimonios para los Ministros, 109.

---

[4] Para más información, véase "El terremoto evangélico que derrumbó los pilares de nuestra iglesia" de Vance Ferrell y "El Adventismo y Walter Martin" por David Fiedler.

La segunda fase del zarandeo es sobre el testimonio directo:

Pregunté cuál era el significado del zarandeo que yo había visto, y se me mostró que lo motivaría el testimonio directo que exige el y consejo que el Testigo fiel dio a la iglesia de Laodicea. Moverá este consejo el corazón de quien lo reciba y le inducirá a exaltar el estandarte *[57]* y difundir la recta verdad. Algunos no soportarán este testimonio directo, sino que se levantarán contra él, y esto es lo que causará un zarandeo en el pueblo de Dios. Primeros Escritos, 270.

Nos vemos obligados a volver al testimonio directo por causa de las teorías falsas que se han comenzado a traer dentro de la iglesia. Todo lo que pueda ser sacudido será sacudido.

Ha llegado el tiempo en que todo lo que pueda ser sacudido será sacudido, para que las cosas que no puedan ser sacudidas permanezcan. Todo pasará en revista delante de Dios; él está midiendo el templo y a los adoradores dentro del templo. Testimonies, tomo 7, 219 / Testimonios para la Iglesia, t7, 209.

No todo el mundo ha tomado posiciones con el enemigo y contra Dios. No todos se han vuelto desleales. Queda un remanente que permanece fiel a Dios; porque Juan escribe: "Aquí está la paciencia de los santos; aquí están los que guardan los mandamientos de Dios, y la fe de Jesús". Apocalipsis 14:12. Muy pronto una furiosa batalla contra los que sirven a Dios será entablada por aquellos que no le sirven. Muy pronto todo lo que es susceptible de ser removido lo será, de modo que sólo lo inquebrantable subsista. Joyas de los Testimonios, tomo 3, 284.

Si el cristianismo es aparentemente tan popular en el mundo, ello se debe tan sólo al espíritu de transigencia con el pecado, a que las grandes verdades de la Palabra de Dios son miradas con indiferencia, y a la poca piedad vital que hay en la iglesia. Revivan la fe y el poder de la iglesia primitiva, y el espíritu de persecución revivirá también y el fuego de la persecución volverá a encenderse. El Conflicto de los Siglos, 52.

El potente zarandeo ha comenzado y proseguirá de suerte que aventará a cuantos no estén dispuestos a declararse por la verdad con valentía y tenacidad ni a sacrificarse por Dios y su causa. Primeros Escritos, 50.

Creo que nos hallamos actualmente en la segunda fase. Muy pronto veremos la tercera fase. Pero sabemos que los movimientos finales serán rápidos. He sido impresionado por los siguientes párrafos: *[58]*

Dios no puede tener paciencia por mucho más tiempo. Sus juicios ya principian a caer en algunos lugares, y pronto su desagrado se manifestará abiertamente en otros sitios.

Habrá una serie de acontecimientos que tendrán por objeto mostrar que Dios domina la situación. La verdad será proclamada en un lenguaje claro e inequívoco. A nosotros, como pueblo, nos incumbe, preparar el camino de Señor bajo la dirección de su Espíritu Santo. El Evangelio debe ser dado en su pureza... Joyas de los Testimonios, tomo 3, 332.

Cuando la religión de Cristo sea más despreciada, cuando su ley sea más menoscabada, entonces deberá ser más ardiente nuestro celo, y nuestro valor y firmeza más inquebrantables. El permanecer de pie en defensa de la verdad y la justicia cuando la mayoría nos abandone, el pelear las batallas del Señor cuando los campeones sean pocos, ésta será nuestra prueba. En este tiempo, debemos obtener calor de la frialdad de los demás, valor de su cobardía, y lealtad de su traición. La nación estará de parte del gran caudillo rebelde. Ibíd., tomo 2, 31.

Debemos darnos cuenta de que estamos viviendo en un tiempo cuando se realiza un gran atentado de parte del enemigo para quitar los pilares de nuestra fe. Debemos de entender que esto ha de venir desde adentro. (Véase Mensajes Selectos, tomo 1, 58; Ibíd., tomo 2, 443; Ibíd., tumo 1, 142)

Hoy mismo hay hombres que están tratando perturbar la fe de los creyentes en el espíritu de profecía. Hoy hay algunos hombres que usan nuestros púlpitos para predicar herejías sobre la doctrina del santuario y la expiación final, la justificación por la fe, la justificación y la santificación, y la fe y las obras. Veamos los siguientes pasajes tan sorprendentes:

> Muchos ocuparán nuestros púlpitos sosteniendo la antorcha de una falsa profecía en sus manos, encendida del fuego de la infernal antorcha satánica. Si se albergan dudas e incredulidad, los fieles ministros serán quitados del pueblo que piensa que sabe tanto. "¡Oh, si también tú conocieses—dijo Cristo—a lo menos en éste tu día, lo que toca a tu paz! mas ahora está encubierto de tus ojos." Testimonios para los Ministros, 416.
>
> Algunos han abandonado el mensaje de la justicia de Cristo para criticar a los hombres... El mensaje del tercer ángel no será comprendido. La luz que iluminará la tierra

con su gloria será llamada una luz *[59]* falsa por aquellos que rehúsan caminar en su gloria creciente. Review and Herald, 27 de Mayo de 1890.

Habrá mensajes de acusación contra el pueblo de Dios, similares a la obra hecha por Satanás al acusar al pueblo de Dios, y estos mensajes estarán resonando en el mismo tiempo en que Dios esté diciéndole a su pueblo: "Levántate, resplandece; que ha venido tu lumbre, y la gloria de Jehová ha nacido sobre ti. Porque he aquí que tinieblas cubrirán la tierra, y oscuridad los pueblos: mas sobre ti nacerá Jehová, y sobre ti será vista su gloria". [Isaías 60:1-2]

Se hallará que los que llevan un mensaje falso no tendrán un alto sentido de honor e integridad. Engañarán al pueblo; mezclarán con su error los Testimonios de la Hna. White, y usarán su nombre para dar influencia a su obra. Seleccionan de los Testimonios los pasajes que ellos piensan poder torcer para sostener sus posiciones, y los colocan en un marco de falsedad, de manera que su error tenga peso y sea aceptado por el pueblo. Presentan erróneamente y aplican mal lo que Dios ha dado a la iglesia para amonestar, aconsejar, reprobar, consolar y animar a los que constituyen el pueblo remanente de Dios. Los que reciban los Testimonios como el mensaje de Dios serán ayudados y bendecidos por eso mismo; pero aquellos que los toman en partes, simplemente para sostener alguna teoría o idea de su propia factura, para defender su conducta errónea, no serán bendecidos y beneficiados por lo que enseñen. Testimonios para los Ministros, 38-39.

El Señor pondrá nueva fuerza vital en su obra a medida que los instrumentos humanos obedezcan la orden de avanzar y proclamar la verdad. El que declaró que su verdad brillaría para siempre, proclamará esa verdad mediante mensajeros fieles que darán a la trompeta un sonido certero. La verdad será criticada, desdeñada y ridiculizada, pero mientras más cerca se la examine y se la pruebe, más brillará.

Como pueblo hemos de mantenernos firmes en la plataforma de la verdad eterna que ha resistido la prueba y el examen. Hemos de aferramos a las seguras columnas de nuestra fe. Los principios de la verdad que nos ha revelado Dios son nuestro único fundamento verdadero. Nos han hecho lo que somos. El tiempo transcurrido no ha disminuido su valor. El enemigo se esfuerza constantemente por sacar esas verdades de su marco y poner en su lugar teorías espurias. Introducirá todo lo que pueda para llevar a cabo sus designios engañosos. Pero el Señor hará surgir a hombres de percepción aguda que darán a esas verdades su debido lugar en el plan de Dios. Mensajes Selectos, tomo 1, 235. *[60]*

En una visión nocturna, se me mostró claramente que esas opiniones han sido consideradas por algunos como las grandes verdades que han de presentarse y hacerse resaltar en la actualidad. Se me mostró una plataforma asegurada con sólidas vigas: las verdades de la Palabra de Dios. Alguien de gran responsabilidad en la obra médica estaba dirigiendo a un hombre y a otro para que aflojaran las vigas que sostenían esa plataforma. Entonces oí una voz que decía: ¿Dónde están los atalayas que deberían estar de pie sobre las murallas de Sion? ¿Están durmiendo? Este fundamento fue construido por el Obrero Maestro y soportará la tormenta y la tempestad. ¿Permitirán que este hombre presente doctrinas que nieguen la experiencia pasada del pueblo de Dios? Ha llegado el tiempo de actuar decididamente.

El enemigo de las almas ha procurado introducir la suposición de que había de realizarse una gran reforma entre los adventistas del séptimo día, y que esa reforma consistiría en renunciar a las doctrinas que están en pie como las columnas de nuestra fe y que había de comenzar un proceso de reorganización. Si se efectuara esta reforma, ¿qué resultaría? Los principios de verdad que Dios en su sabiduría ha dado a la iglesia remanente serían descartados. Sería cambiada nuestra religión. Los principios fundamentales que han sostenido la obra durante los últimos cincuenta años serían considerados como error. Se establecería una nueva organización. Se escribirían libros de una nueva orientación. Se introduciría un sistema de filosofía intelectual. Los fundadores de ese sistema irían a las ciudades y harían una obra maravillosa. Por supuesto, se tendría poco en cuenta el sábado y también al Dios que lo creó. No se permitiría que nada se interpusiera en el camino del nuevo movimiento. Los dirigentes enseñarían que la virtud es mejor que el vicio, pero habiendo puesto de lado a Dios, resolverían depender del poder humano, que no tiene valor sin Dios. Su fundamento estaría edificado sobre la arena, y la tormenta y la tempestad barrerían la estructura.

¿Quién tiene autoridad para comenzar un movimiento tal? Tenemos nuestras Biblias. Tenemos nuestra experiencia, testificada por la operación milagrosa del Espíritu Santo. Tenemos una verdad que no admite transigencias. ¿No repudiaremos todo lo que no esté en armonía con esa verdad?

Vacilé y me demoré en enviar lo que el Espíritu de Dios me impelía a escribir. No quería ser compelida a presentar la influencia desorientadora de esas falsedades. Pero en la providencia de Dios los errores que han estado entrando debían ser afrontados. Mensajes Selectos, tomo 1, 238-239. *[61]*

El movimiento adventista está soportando un esfuerzo satánico similar al que ocurrió en el tiempo del falso profeta Balaam para impedir a Israel entrar en la tierra prometida. Los Balaames evangélicos están tratando de maldecirnos con la maldición del falso pensar de algunos evangélicos, para impedir que el remanente vaya hacia la tierra prometida. Y clamó Balaam: Muera yo la muerte de los rectos, Y mi postrimería sea como la suya. Números 23:10.

Todo los que están atentando destruir los pilares de nuestra fe, están sujetos a condenación si no se arrepienten.

> Así también hoy los siervos de Cristo, los que reprenden el pecado, encuentran desprecios y repulsas. La verdad bíblica, la religión de Cristo, lucha contra una fuerte corriente de impureza moral. El prejuicio es aún más fuerte en los corazones humanos ahora que en los días de Cristo. Jesús no cumplía las expectativas de los hombres; su vida reprendía sus pecados, y le rechazaron. Así también ahora la verdad de la Palabra de Dios no armoniza con las costumbres e inclinaciones naturales de los hombres, y millares rechazan su luz. Impulsados por Satanás, los hombres ponen en duda la Palabra de Dios y prefieren ejercer su juicio independiente.
>
> Eligen las tinieblas antes que la luz, pero lo hacen con peligro de su propia alma. Los que cavilaban acerca de las palabras de Cristo encontraban siempre mayor causa de

cavilación hasta que se apartaron de la verdad y la vida. Así sucede ahora. Dios no se propone suprimir toda objeción que el corazón carnal pueda presentar contra la verdad. Para los que rechazan los preciosos rayos de luz que iluminarían las tinieblas, los misterios de la Palabra de Dios lo serán siempre. La verdad se les oculta. Andan ciegamente y no conocen la ruina que les espera. El Deseado de Todas las Gentes, 538-539.

¡Oh, cómo debe llorar Cristo sobre su pueblo, y especialmente sobre aquellos que son los líderes de la apostasía!

Estandarte tras estandarte quedaba arrastrando en el polvo, mientras que una compañía tras otra del ejército del Señor se unía al enemigo, y tribu tras tribu de las filas del enemigo se unía con el pueblo de Dios observador de los mandamientos. Un ángel que volaba por el medio del cielo puso el estandarte de Emmanuel en muchas manos, mientras que *[62]* un poderoso general clamaba con voz fuerte: "Acudid a las filas. Ocupen sus posiciones ahora los que son leales a los mandamientos de Dios y al testimonio de Cristo. Salid de entre ellos y separaos, y no toquéis lo inmundo, que yo os recibiré, y os seré por Padre y me seréis por hijos e hijas. Acudan todos los que quieran en auxilio de Jehová, en auxilio de Jehová contra los poderosos." Joyas de los Testimonios, tomo 3, 224.

La mayoría nos rechazará y se unirá a las filas del enemigo. Véase Testimonies, tomo 5, 136.

Concluyendo esta narración, diré que estamos viviendo en un tiempo muy solemne. En la última visión que se me dio, se me mostró el hecho sorprendente de que solamente una porción pequeña de aquellos que ahora profesan la verdad serán santificados por ella y serán salvos. Muchos harán que la sencillez de la salvación resulte difícil de experimentar. Se conformarán al mundo, adorarán ídolos y llegarán a morir espiritualmente. Los humildes, abnegados seguidores de Cristo, negando el yo, obtendrán la perfección, dejando atrás a los indiferentes y amantes del mundo. Testimonies, tomo 1, 608-609 / Testimonios para la Iglesia, t1, 527.

Rápidamente se acercan los días cuando habrá gran perplejidad y confusión. Satanás, ataviado de ropaje angelical, engañará, si es posible, a los mismos escogidos. Habrá muchos dioses y muchos señores. Soplará toda clase de vientos de doctrina. Aquellos que le han rendido homenaje a "la falsamente llamada ciencia" no serán los dirigentes en aquel tiempo. Los que han confiado en el intelecto, el ingenio o el talento no estarán entonces al frente de las tropas. No se mantuvieron al paso con la luz. A los que demostraron ser infieles no se les encomendará el rebaño. Pocos serán los hombres grandes que tomarán parte en la obra solemne del fin. Son autosuficientes, se han independizado de Dios, y él no puede usarlos. El Señor tiene siervos fieles quienes se han de manifestar en la hora de zarandeo y prueba. Hay almas preciosas, ocultas por el momento, que no se han postrado ante Baal. No han tenido la luz que con deslumbrante resplandor ha brillado concentradamente sobre nosotros. Pero puede ser que bajo un exterior algo áspero y no muy llamativo se revele el brillo de un carácter cristiano genuino.

Durante el día miramos hacia el cielo, mas no vemos las estrellas. Están allí, fijas en el firmamento, pero el ojo no las puede distinguir. Es de noche cuando podemos contemplar su verdadero lustre. Ibíd., tomo 5, 80-81 / Testimonios para la Iglesia, t5, 76. **[63]**

Capítulo 10—El Mensaje de los Tres Ángeles

Para considerar un tema tan importante como éste, debemos repasar el principio de día por año y el tiempo profético. Este principio está unido a los hitos del adventismo. El principio de día por año no es una invención de los adventistas. Como lo demuestran los volúmenes del libro, The Prophetic Faith of Our Fathers (La fe profética de nuestros padres) del pastor Froom, es un método válido de hermenéutica establecido desde hace mucho tiempo.

No necesitamos probar este principio aquí ya que Cristo mismo lo hizo.

Leemos en Marcos 1:14-15:

> Mas después que Juan fue encarcelado, Jesús vino a Galilea predicando el evangelio del reino de Dios, y diciendo: El tiempo es cumplido, y el reino de Dios está cerca: arrepentíos, y creed al evangelio.

Estas palabras de Cristo son significativas. Recordemos que entonces ya él había asumido el papel de Mesías. ¿Qué tiempo está involucrado cuando dijo: "el tiempo es cumplido"? Solamente había una posibilidad—el tiempo de Daniel 9:24-25. Esta profecía nos lleva desde el tiempo del decreto de restaurar y reedificar a Jerusalén "hasta el Mesías Príncipe".

Este período de 69 semanas proféticas que simbolizaban 483 años fue confirmado por uno que nunca se ha equivocado, el Creador, el autor de toda la Escritura y las profecías. El llegó a ser el ungido cuando Juan lo **[64]** guió a las aguas del Jordán en el año 27 de nuestra era y cuando el Espíritu Santo descendió sobre él en forma de paloma. Juan 1:41 nos indica que él fue reconocido como tal: "Este [Andrés] halló primero a su hermano Simón, y díjole: Hemos hallado al Mesías (que declarado es, el Cristo)".

La declaración de Jesús "el tiempo se ha cumplido" autentica el principio de día por año, como lo hace la aplicación de Juan de la profecía de los 1260 días en Apocalipsis. El mensaje de los tres ángeles anuncia que la hora del juicio de Dios comenzó en 1844. Así como el bautismo de Jesús y su misión mesiánica llegó a su tiempo indicado, de la misma manera el mensaje de los tres ángeles comenzó exactamente al tiempo fijado por Dios.

Pero, hay una falta de compresión concerniente a los tres ángeles de Apocalipsis 14:6-12 entre el pueblo remanente de Dios en este tiempo del fin. Estos mensajes son introducidos en Apocalipsis 14 con la descripción de Cristo, el Cordero de Dios, de pie en el monte Sion, con un grupo especial. Ellos tienen el nombre de su Padre escrito en sus frentes: el carácter de Dios. Los tres ángeles representan el pueblo que ha sido comisionado a dar los mensajes especiales de Dios al mundo en el fin del tiempo.

Cristo viene la segunda vez con poder para salvación. Para preparar a los seres humanos para este evento, ha enviado los mensajes del primero, segundo y tercer ángel. Estos ángeles representan a aquellos que han recibido la verdad, y presentan el evangelio con poder al mundo. The Seventh-day Adventist Bible Commentary, tomo 7, 978-979 / CBA, t7, 990.

La presentación de estos mensajes es dada con gran poder mediante testimonios personales que no pueden ser negados. Cuando los mensajes son presentados como deben de serlo, será a través de aquellos en quienes el carácter de Cristo ha sido perfectamente formado (véase Palabras de Vida del Gran Maestro, 47). El sello del Dios vivo habrá sido estampado sobre sus almas. Ellos estarán establecidos en la verdad intelectual y espiritualmente y no pueden ser movidos (véase *[65]* Comentario Bíblico Adventista del Séptimo Día, tomo 4, 1183). Ellos serán los que lloran entre el atrio y el altar por los pecados del mundo y de la iglesia. Ellos serán los que claman al Señor como lo hicieron los profetas de antaño:

"Libra a tu pueblo, oh Dios" (véase Joyas de los Testimonios, tomo 1, 335-336; Ibíd., tomo 2, 63-65). Los 144.000 defenderán esta maravillosa verdad delante de todo el mundo, pese a una gran oposición y una gran persecución y sometidos a un peligro de muerte constante. El carácter de Dios será vindicado por sus palabras, sus acciones y su testimonio vivo.

Ellos serán el verdadero remanente. No se comprarán ni venderán a ningún precio.

El Mensaje del Primer Ángel

El capítulo 14 de Apocalipsis es un capítulo de profundo interés. Esta porción de la Escritura pronto será entendida en todos sus puntos, y los mensajes dados a Juan el revelador se repetirán con una proclamación muy clara. The Seventh-day Adventist Bible Commentary, tomo 7, 978 / CBA, t7, 989.

El mensaje del primer ángel vino a tiempo y su glorioso testimonio pronto será completado.

¿Cuál es el evangelio eterno? Es el mismo mensaje que fue dado a Adán y Eva en el jardín del Edén después que el pecado había entrado en este mundo perfecto. El evangelio eterno nos enseña que todo hombre, mujer, y niño deben morir diariamente. La voluntad ha de ser rendida momento tras momento a Dios, el corazón debe estar unido al suyo, la mente debe ser una con la mente de Dios. Solamente entonces podemos pensar los pensamientos y vivir una vida como la de Jesús. Solamente entonces seremos vestidos con el hermoso manto de la justicia de Cristo (véase Palabras de Vida del Gran Maestro, 253). Jesús puede reinar supremamente en la vida tan sólo cuando nos sometemos y permitimos "que el hombre viejo de pecado" sea quitado de nosotros. Cuando eso sucede por la gracia de Dios, nuestra voluntad será regida por una obediencia amorosa y total a toda verdad. No haremos las obras de la obediencia a fin de ser salvos, *[66]* sino que haremos todo lo que Cristo quiere que hagamos, espontáneamente, porque lo amamos tanto que no podemos hacer otra cosa que obedecerle. Solamente cuando vivimos de esa manera, el Evangelio eterno habrá logrado realizar una obra transformadora en nosotros para asegurarnos la salvación.

El Evangelio eterno se distorsionó tanto debido a las enseñanzas del romanismo y del protestantismo apóstata, que el mundo ha llegado a creer el evangelio falso de Satanás: el concepto de que nosotros podemos ser salvados en el pecado y no del pecado.

Dios necesitaba un pueblo que proclamara a gran voz un mensaje contrario a esta herejía abominable, para dar su verdadero mensaje al mundo entero por medio de un pueblo que haya llegado a ser un testimonio vivo del poder transformador de este Evangelio. Son nuestras vidas -más que nuestras palabras o nuestras casas publicadoras- las que declaran esta verdad eterna con gran voz, guiando a las personas a temer a Dios y dar gloria al que creó el mundo en seis días y descansó en el séptimo.

Este mensaje comenzó a pregonarse por primera vez cuando el mundo se empezaba a deslizar hacia el abismo de la evolución. En nuestros días hemos visto esta teoría diabólica cautivar las mentes de casi todo el mundo. En esta década de los 80 el mundo se maravilla ante esta gran mentira del diablo. Y tan sólo unos pocos están refutando esa mentira por su testimonio vivo. Debemos levantarnos y decirle al mundo la verdad de que aquellos que quieran, podrán plenamente adorar "a aquel que ha hecho el cielo y la tierra, y el mar y las fuentes de las aguas."

El mensaje de la hora del juicio trae la última profecía de tiempo profético a la vista en 1844. En Apocalipsis 10 vemos a otro potente ángel, que según nos dice la mensajera del Señor es Cristo mismo, con un librito en su mano. (Véase The Seventh-day Adventist Bible Commentary, tomo 7, 971 / CBA, t7, 982), El librito es la última sección del libro de Daniel, que fue sellado hasta el tiempo del fin. Cuando Juan le pidió a Cristo que le explicara lo del librito, el Señor le dijo que se lo comiera. Juan siguió las instrucciones y se dio cuenta de que era tan dulce como la miel en su boca, pero cuando llegó a su estómago, era excesivamente *[67]* amargo. Esta profecía simbólica predijo el gran chasco de 1844. El mensaje de que Cristo muy pronto regresaría a este mundo era la música más dulce imaginable para los milleritas. Pero solamente uno pocos se sobrepusieron al chasco. Mientras uno de ellos, Hiram Edson, caminaba a través de un campo de maíz al siguiente día, claramente se le mostró que el santuario que había sido purificado había sido el celestial y no el terrenal. El mensaje de Apocalipsis 10, no terminó con el chasco. Después del chasco el mensaje de la pronta venida de Cristo debía ser "profetizado" a todo el mundo. El 22 de octubre de 1844, Cristo, los 24 ancianos, y los seres celestiales descritos en Daniel 7, empezaron a examinar los registros de todos aquellos que murieron profesando una creencia en el plan de salvación de Dios para el hombre caído. La hora del juicio de Dios había llegado.

El Mensaje del Segundo Ángel

Este mensaje proclama la caída de Babilonia. ¿Qué es Babilonia? Claro que sabemos que Babilonia era una ciudad antigua que estaba en ruinas en los días de Juan. En el idioma babilonio, Babilonia significaba "el día de los dioses." Pero la palabra en el hebreo significaba "confundir." La ciudad de Babilonia fue fundada por Nimrod (véase Génesis 10:10; 11:3-9). Desde sus principios, Babilonia fue el centro de la rebelión contra Dios. The Seventh-day Adventist Bible Commentary explica la frase "Babilonia ha caído" con las siguientes palabras: "Babilonia es un término abarcante que emplea Juan para describir todos los cuerpos y movimientos religiosos que han caído de la verdad. El hecho requiere que nosotros revisemos esta 'caída' en forma progresiva y acumulativa." Véase El Conflicto de los Siglos, 440-441; Primeros Escritos, 277.

Esta profecía de la caída de Babilonia encuentra su cumplimiento en el abandono general que hizo el protestantismo de la pureza y la simplicidad del Evangelio (véase Apocalipsis 14:4). Históricamente, el mensaje fue primeramente predicado por el movimiento adventista, conocido como millerismo, en el verano de 1844, y se aplicó a las *[68]* iglesias que rechazaron el mensaje del primer ángel concerniente al juicio (véase versículo 7). El mensaje tendrá una relevancia significativa mientras se acerca cada vez más el fin, y encontrará su total cumplimiento en la unión de varios elementos religiosos bajo la dilección de Satanás (véase capítulos 13:12-14; 17:12-14). El mensaje del capítulo 18:2-4 anuncia la caída completa de Babilonia y llama al pueblo de Dios que está esparcido en todos los cuerpos religiosos que comprenden a Babilonia, a que se separe de ellos. The Seventh-day Adventist Bible Commentary. Tomo 7, 380 (Redactores del Comentario).

Debemos recordar que los mensajes de los tres ángeles tuvieron su cumplimiento inicial en el clamor de la media noche y el movimiento adventista de 1840-1850, pero el cumplimiento más grande viene en nuestros días, al fin del tiempo, la generación final.

> El primer mensaje y el segundo se dieron en 1843 y 1844, y ahora estamos bajo la proclamación del tercero; pero aun ahora hay que seguir proclamando los tres mensajes. Ahora es tan esencial como en cualquier tiempo pasado que se los repita a los que están buscando la verdad. Debemos hacer resonar su proclamación mediante la pluma y la voz; debemos mostrar su secuencia y la aplicación de las profecías que nos conducen al mensaje del tercer ángel. No puede haber un tercer mensaje sin un primero y un segundo. Debemos proclamar al mundo estos mensajes mediante publicaciones y conferencias que muestren en el ámbito profético las cosas que han sido y las que serán. Mensajes Selectos, tomo 2, 120.

El Mensaje del Tercer Ángel

Este mensaje es enviado para amonestar al mundo contra la aceptación de la marca de la bestia. La revelación de las profecías de Daniel nos ha llamado la atención al hecho de que el poder del cuerno pequeño de Daniel 7:25 "pensará en mudar los tiempos y la ley."

Entendemos que esto será un atentado del diablo por medio del papado, de cambiar el día de reposo del séptimo día (sábado) al primer día de la semana (domingo). *[69]*

El diablo ha intentado falsificar todo lo que Dios ha hecho. Su falso sábado ha sido su obra maestra, la cual es excedida únicamente por su última gran obra maestra de engaño: la personificación falsa de Cristo en el fin del tiempo.

La pluma inspirada nos dice:

> Si la luz de la verdad os ha sido presentada, revelando el sábado del cuarto mandamiento, y mostrando que no hay base alguna en la Palabra de Dios para la observancia del domingo, y sin embargo, os aferráis al falso reposo, rehusando guardar el santo sábado que Dios ha llamado "mi día santo," recibiréis la marca de la bestia. ¿Cuándo sucede esto? Cuando obedecéis los decretos que ordenan dejar de trabajar el domingo y adorar a Dios ese día, en tanto que sabéis que no hay palabra alguna en la Biblia que muestre que el domingo no es más que un día común de trabajo, consentís en recibir la marca de la bestia y rehusáis el sello de Dios. The Seventh-day Adventist Bible Commentary, tomo 7, 980 / CBA, t7, 991 /El Evangelismo 174-175.

Pero yendo a la iglesia en sábado en vez del domingo no nos libra de esta marca. Ir a la iglesia es bueno, pero el servicio de adoración sincero y verdadero a Dios que realizamos en cada palabra, pensamiento y acción es la única medida para guardar el sábado que el Señor aceptará. Aun los adventistas del séptimo día, si no rinden una adoración dedicada en sábado por amor al Creador, recibirán la marca de la bestia, aun cuando hayan atendido a los servicios de sábado fielmente.

Nuevamente el Señor nos ayuda a entender el mensaje del tercer ángel:

> Este mensaje comprende los dos mensajes previos. Está representado como habiendo sido dado en alta voz, esto es, con el poder del Espíritu Santo. Todo está en juego ahora. El mensaje del tercer ángel se ha de considerar como de suma importancia. Es un asunto de vida o muerte. La impresión causada por este mensaje estará en proporción con la solemnidad y el fervor con que proclame.
>
> El mensaje del tercer ángel aumenta en importancia a medida que nos acercamos al cierre de la historia de esta tierra. Ibíd. *[70]*

Si guardamos el sábado como debe ser guardado, por la gracia y el poder de Dios, también guardaremos los otros nueve mandamientos. Que Dios nos ayude a empezar a guardar el sábado fielmente con todo nuestro corazón, mente, cuerpo y alma, a fin de que recibamos el sello del Dios vivo, y ser contados entre los 144.000. Pronto estaremos entonces con Jesús sobre el mar de vidrio.

Sí alguna vez hubo un tiempo en la historia de los adventistas cuando deberían levantarse y brillar, ese tiempo es ahora. A ninguna voz se le debiera impedir proclamar el mensaje del tercer ángel. Que nadie, por temor de perder prestigio en el mundo, oscurezca un solo rayo de luz que proviene de la Fuente de toda luz.

Se requiere valor moral para hacer la obra de Dios en estos días, pero que nadie sea conducido por el espíritu de la sabiduría humana. La verdad debiera ser todo para nosotros. Que los que quieren hacerse de renombre en el mundo se vayan con el mundo. El gran conflicto, en el que todos tomarán parte, está a punto de producirse. En él, todo el mundo cristiano se verá involucrado. Diariamente, hora tras hora, debemos actuar de acuerdo con los principios de la Palabra de Dios. El yo debe ser santificado por medio de los principios de la justicia, la misericordia y el amor de Dios. Alza tus Ojos, 169. *[71]*

Capítulo 11—El Misterio de Minneápolis

Durante casi un siglo nos ha acompañado como pueblo el misterio de Minneápolis. Especialmente, en los últimos veinticinco años, las nubes de confusión se han hecho más densas. Aunque se han escrito varios volúmenes acerca del tema, las opiniones mutuamente excluyentes se han mantenido, y muchos están preocupados por el asunto.

¿Cuál es el mensaje aparentemente místico del cual depende el futuro de nuestra querida iglesia? Es el mensaje a la iglesia de Laodicea. "El mensaje que nos dieron A.T, Jones y E. J. Waggoner es el mensaje de Dios a la iglesia de Laodicea, y ¡ay! de cualquiera que profese creer la verdad, y sin embargo no refleje hacia los demás los rayos que Dios nos dio". Carta S 24, 1892.

Pero más que esto, es también el mensaje del tercer ángel. "Varias personas me han escrito, preguntando si el mensaje de la justificación por la fe es el mensaje del tercer ángel, y les he contestado: 'Es precisamente el mensaje del tercer ángel'. Review and Herald, 1 de abril de 1890 / El Evangelismo, 143.

Todo adventista del séptimo día bien fundado está familiarizado con estos temas. El mensaje del tercer ángel y el mensaje a Laodicea llegaron a ser verdades notables de este movimiento antes que esta denominación llegara a existir.

Elena de White hizo esta importante declaración unos cuatro años después de la reunión de Minneápolis: "El tiempo de la prueba está a las puertas, pues el fuerte clamor del tercer ángel *[72]* ha comenzado ya en la revelación de la justicia de Cristo, el Redentor que perdona el pecado. Este es el comienzo de la luz del ángel cuya gloria llena toda la tierra". Review and Herald, 22 de noviembre de 1892, citado en The Seventh-day Adventist Bible Commentary, tomo 7, 984 / CBA, t7, 995

El tercer ángel, Laodicea, el fuerte clamor —este mensaje ciertamente merece nuestro respeto. Aun un examen rápido revela que este mensaje pertenece al tiempo del fin. Este es el mensaje del tiempo del fin, la verdad presente para los días finales. Pero el solo hecho de que este mensaje nos llegó hace varias décadas hace surgir preguntas. Si el mensaje fue aceptado ¿por qué la iglesia está todavía en este mundo? ¿Qué ocurrió con el fuerte clamor que comenzó hace muchos años?

En estas citas que describen las actitudes de esa época; Dios nos habla así:

> Desde el tiempo del congreso de Minneápolis, he visto el estado de la iglesia de Laodicea como nunca antes. He escuchado el reproche de Dios dirigido a los que se sienten muy satisfechos, y que no conocen su miseria espiritual... Los que se dan cuenta de su necesidad de arrepentimiento para con Dios.... confesarán el pecado que cometieron al rechazar la luz que el cielo ha enviado tan generosamente, y abandonarán el pecado que afligió e insultó al Espíritu del Señor. Review and Herald, 26 de agosto de 1890.

El Espíritu de Dios está apartándose de muchos de su pueblo. Muchos han entrado en senderos oscuros y secretos, y algunos nunca regresarán. Continuarán tropezando hasta su ruina. Han tentado a Dios, han rechazado la luz... Y no solamente han rehusado aceptar el mensaje, sino que han odiado la luz. Estos hombres colaboran en la ruina de las almas. Se han interpuesto ellos mismos entre la luz enviada del cielo y el pueblo.

Quiero presentar una amonestación para los que por años han resistido la luz y albergado un espíritu de oposición. ¿Por cuánto tiempo odiaréis y despreciaréis a los mensajeros de la justicia de Dios?... No tengo un mensaje suave para presentar a aquellos que han sido por tanto tiempo falsos postes indicadores, señalando el camino erróneo. Si rechazáis a los mensajeros delegados por Cristo, rechazáis a Cristo... Os ruego que os humilléis y ceséis en vuestra *[73]* obstinada resistencia a la luz y la evidencia. Testimonios para los Ministros, 88-89, 94-95.

El hecho de que hubo resistencia a este mensaje cuando llegó por primera vez es una importante verdad histórica, de la cual debemos aprender y con la cual debemos ser amonestados. ¿Pero qué pasó con los años que transcurrieron desde entonces? ¿Qué ocurre actualmente? ¿Hemos acaso en todos estos años abierto nuestros corazones al mensaje? ¿O es que el Señor ha rehusado arbitrariamente concedernos sus bendiciones? ¿Somos nosotros mejores que nuestros padres? Consideremos de nuevo este mensaje del Señor.

Es en efecto precisamente el mensaje del tercer ángel, según la mensajera de Dios para los últimos días.

Cristo y su justicia, sea éste nuestra plataforma, la misma vida de nuestra fe. Review and Herald, Agosto 31,1905 / El Evangelismo, 143.

Varias personas me han escrito preguntando si el mensaje de la justificación por la fe es el mensaje del tercer ángel, y les he respondido: 'Es precisamente el mensaje del tercer ángel'. Ibíd. / 143.

El tema de mayor importancia es el mensaje del tercer ángel que abarca los mensajes del primero y del segundo ángeles. Todos deben entender las verdades contenidas en estos mensajes y demostrarlos en la vida diaria, porque esto es esencial para la salvación. Tendremos que estudiar con fervor y con oración a fin de comprender estas grandes verdades; y nuestro poder para aprender y comprender, será esforzado hasta el extremo. Ibíd. / 147.

Podemos ver entonces que la justificación es precisamente el tema de estos mensajes, que también ellos son esenciales para la salvación, que deben ser demostrados en nuestra vida diaria, y que la fe de Jesús es el elemento que falta y que no ha sido dado junto con la ley. Esta es la razón por la cual el mensaje de 1888 nunca ha marchado con poder hacia el mundo. Véase Mensajes Selectos, tomo 3, 190,194-195, 209. *[74]*

El mensaje del tercer ángel es la proclamación de los mandamientos de Dios y la fe de Cristo Jesús. Los mandamientos de Dios han sido proclamados, pero la justicia de Jesús, dándole igual importancia, no ha sido presentada por los adventistas del séptimo día, haciendo que la ley y el Evangelio vayan de la mano. No puedo hallar palabras para presentar este tema en toda su plenitud.

'La fe de Jesús'. Se habla de ella, pero no ha sido entendida. ¿Qué cosa constituye la fe de Jesús, que pertenece al mensaje del tercer ángel? Jesús convertido en el ser que lleva nuestros pecados para llegar a ser el Salvador que perdona el pecado. El fue tratado como nosotros merecemos ser tratados. Vino a nuestro mundo y llevó nuestros pecados para que nosotros pudiéramos llevar su justicia. Y la fe en la capacidad de Cristo para salvarnos en forma amplia, completa y total, es la fe de Jesús. Mensajes Selectos, tomo 3,195.

El mensaje de 1888 es el Evangelio eterno: la victoria sobre todo pecado por medio de Cristo. Este Evangelio les fue dado a Adán y Eva el día que pecaron. Jesús vino para buscar a la pareja pecadora y para mostrarles las consecuencias de su acción. Los estrechó contra su pecho al clamar ellos pidiendo misericordia, lágrimas corrieron por sus mejillas cuando les explicó su gran perdida. Mientras los ángeles con espadas flamígeras estaban cerca, él les reveló el único medio que el cielo podía idear para restaurarlos a su hogar edénico. El Creador explicó el misterio de la piedad y prometió ser su Re-creador y Redentor. Con gran compasión se reveló a ellos como el Cordero inmolado desde el principio del mundo. Él nos habla hoy como les habló a ellos. "Si estáis dispuestos a que yo os habilite a darme vuestra voluntad, os daré mi fe. Poseyendo mi fe podéis ser de nuevo confiables. Con mi justicia, os restauraré vuestra semejanza a Dios, y de nuevo podréis amar como yo os he creado para amar".

Esto es lo que ocurrió en el Pentecostés. Con la fe de Jesús ellos estaban vestidos de la justicia de Cristo; vivían la vida de Jesús por el poder del Espíritu Santo y tenían el amor de Jesús que les dio la capacidad de responder a toda situación de la vida como él lo haría. Cuando fueran azotados, perseguidos y muertos, podían responder como lo hizo Jesús: "Padre, perdónalos porque no saben lo que hacen". *[75]*

Cristo ha intentado en forma desesperada, hacer que los dirigentes, los pastores y los miembros laicos tuvieran esta relación, de manera que él pudiese mandarles el segundo Pentecostés en la lluvia tardía y luego el fuerte clamor. Lo intentó desde 1844 hasta hoy, pero a semejanza de los judíos, hemos resistido obstinadamente la experiencia de la justicia y la victoria sobre el pecado.

Estamos muy propensos a ir hacia un extremo o al otro, pues la naturaleza humana no quiere dependencia y resiste la obediencia. Hace un siglo un énfasis excesivo respecto de la ley nos hizo "secos como los montes de Gilboa". Hoy en día, muchos parecen encantados con un tipo de gracia que excusa el pecado. Pero encontramos que el mensaje de 1888 "presentaba la justificación por la fe en el Garante [Cristo]; invitaba al [79] pueblo a recibir la justicia de Cristo, que se manifiesta en la obediencia a todos los mandamientos de Dios". Testimonios para los Ministros, 89.

Es fe lo que necesitamos, pero una fe que produce completa obediencia, pues el carácter de Cristo debe ser perfectamente reproducido en cada uno de los santos de Dios, los que componen los 144.000, antes que venga el fin. "Cristo espera con un deseo anhelante la manifestación de sí mismo en su iglesia. Cuando el carácter de Cristo sea perfectamente reproducido en su pueblo, entonces vendrá él para reclamarlos como suyos." Palabras de Vida del Gran Maestro, 47.

La perfección y la santidad son la norma de la redención. "Sed, pues, vosotros perfectos, como vuestro Padre que está en los cielos es perfecto." Mateo 5:48. "Porque escrito está: Sed santos, porque yo soy santo." 1 Pedro 1:16.

La mensajera de Dios dice: "A nadie se le impide alcanzar, en su esfera, la perfección de un carácter cristiano. Por el sacrificio de Cristo se ha provisto para que los creyentes reciban todas las cosas que pertenecen a la vida y la piedad. Dios nos invita a que alcancemos la norma de perfección y pone como ejemplo delante de nosotros el carácter de Cristo". Los Hechos de los Apóstoles, 424. *[76]*

'Al que venciere, yo le daré que se siente conmigo en mi trono; así como yo he vencido, y me he sentado con mi Padre en su trono'. [Apocalipsis 3:21] Podemos vencer. [Sí;] plena y enteramente. Jesús murió para hacernos un camino de salida para nosotros, a fin de que pudiésemos vencer todo mal genio, todo pecado, toda tentación y sentarnos al fin con él. Joyas de los Testimonios, tomo 1, 43.

Ninguno de nosotros recibirá jamás el sello de Dios mientras nuestros caracteres tengan una mancha. Nos toca a nosotros remediar los defectos de nuestro carácter, limpiar el templo del alma de toda contaminación. Entonces la lluvia tardía caerá sobre nosotros como cayó la lluvia temprana sobre los discípulos en el día de Pentecostés...

Ahora es cuando debemos guardarnos a nosotros mismos y a nuestros hijos sin contaminación del mundo. Ahora es cuando debemos lavar el manto de nuestro carácter y emblanquecerlo en la sangre del Cordero. Ahora es cuando debemos vencer el orgullo, la [80] pasión y la pereza espiritual. Ahora es cuando debemos despertarnos y hacer un esfuerzo resuelto para lograr simetría de carácter...

El sello de Dios no será nunca puesto en la frente de un hombre o una mujer que sean impuros. Nunca será puesto sobre la frente de seres humanos ambiciosos y amadores del mundo. Nunca será puesto sobre la frente de hombres y mujeres de lenguas falsas o corazones engañosos. Todos los que reciban el sello deberán estar sin mancha delante de Dios y ser candidatos para el cielo. Ibíd., tomo 2, 69-71.

La justificación y la santificación son accesibles para todos, y aun lo fueron para el ladrón en la cruz. Cuando nos sentimos tan tristes por el pecado que honestamente anhelamos dejar de pecar, Jesús nos justifica en tanto que el Espíritu Santo se hace cargo de nuestra voluntad. Debido a que estamos dispuestos, él nos guarda del pecado. Entonces ponemos en práctica el buscar y tener la presencia de Jesús en nuestra vida por su poder. Véase 2 Corintios 7:10; Mensajes Selectos, tomo 1, 429-432.

Esta gran experiencia está al alcance de todos los que escuchan a Dios.

El ideal del carácter cristiano es la semejanza con Cristo. Como el Hijo del hombre fue perfecto en su vida, los que le siguen han de ser perfectos en la suya. Jesús fue hecho en todo semejante a sus hermanos. Se hizo carne, como somos carne. Tuvo hambre y sed, y sintió cansancio. Fue sostenido por el alimento y refrigerado por el sueño. *[77]*

Participó de la suerte del hombre, aunque era el inmaculado Hijo de Dios. Era Dios en la carne. Su carácter ha de ser el nuestro. El Señor dice de aquellos que creen en él: 'Habitaré y andaré en ellos; y seré el Dios de ellos, y ellos serán mi pueblo'. 2 Corintios 6:16. El Deseado de Todas las Gentes, 278.

Mediante el ejercicio de la fe el creyente llega a poseer esas bendiciones. Mediante ella puede ser suplida cada deficiencia del carácter, cada contaminación purificada, cada falta corregida, cada excelencia desarrollada. Los Hechos de los Apóstoles, 450.

Ninguno de nosotros necesita fracasar si estamos buscando la justicia con todo nuestro corazón y alma. "Y me buscareis y me hallaréis, porque me buscaréis de todo vuestro corazón." Jeremías 29:13.

El mensaje de 1888 se presenta de nuevo delante de la iglesia remanente de Dios. ¿Qué haremos con él ahora? Recibidlo, amigos; es el poder de Dios para salvación, el Evangelio eterno. Son las incomparables excelencias de Cristo, un principio activo y vivo que transforma la vida. *[78]*

Capítulo 12—El Cuarto Ángel de Apocalipsis 18

Hemos estudiado los mensajes de los tres ángeles. Pero hay un cuarto ángel, el de Apocalipsis 18. ¿Quién es este poderoso ángel y cuál es su obra? A fin de dar respuesta a estas preguntas, leamos nuevamente de los testimonios inspirados, en The Seventh-day Adventist Bible Commentary, tomo 7, 985 (CBA, t7, 996):

> Este es el mismo mensaje que fue anunciado por el segundo ángel. Ha caído Babilonia, "porque ella ha dado a beber a todas las naciones del vino de la ira de su fornicación." ¿Qué es ese vino?—su falsas doctrinas. Ella le ha dado al mundo un falso sábado en vez del sábado del cuarto mandamiento, y ha repetido la mentira que Satanás le dijo a Eva por vez primera en el huerto de Edén—la inmortalidad natural del alma. Ella ha esparcido ampliamente muchos errores, "enseñando como doctrinas mandamientos de hombres".
>
> Cuando Jesús empezó su ministerio público, limpió el templo de la profanación y el sacrilegio que en él habían hecho. De la misma manera, en la última obra de amonestación al mundo, se hacen dos llamados distintivos a las iglesias. El mensaje del segundo ángel es: "Ha caído Babilonia, aquella grande ciudad, porque ella ha dado a beber a todas las naciones del vino del furor de su fornicación."

Y en el fuerte clamor del tercer ángel se oye una voz de los cielos que dice:

Y oí otra voz del cielo, que decía: Salid de ella, pueblo mío, porque no seáis participantes de sus pecados, y que no recibáis de sus plagas; *[79]* porque sus pecados han llegado hasta el cielo, y Dios se ha acordado de sus maldades. Apocalipsis 18: 4-5.

Tres mensajes que han de ser combinados:

Los tres mensajes de los tres ángeles han de ser combinados, dando su triple luz al mundo. En el Apocalipsis, dice Juan: "Vi otro ángel descender del cielo, teniendo grande potencia; y la tierra fue alumbrada de su gloria". [Apocalipsis 18:2-5]. Esto representa el anuncio del último mensaje así como del triple mensaje de amonestación al mundo. The Seventh-day Adventist Bible Commentary, tomo 7, 985 / CBA, t7, 995.

Cuando el ministerio de Cristo estaba por terminar él limpió el templo por segunda vez. Recordemos que la primera purificación fue realizada al iniciarse su ministerio terrenal.

Y de la misma manera como Cristo comenzó su ministerio en el lugar santísimo en 1844, él envió el llamado de que "Babilonia ha caído". Pero al final de su ministerio sacerdotal vuelve a llamar al pueblo por segunda vez a que salga de en medio de Babilonia—esta vez él clama "con potente voz:

Ha caído, ha caído—Babilonia. Salid de en medio de ella, pueblo mío, para que no seáis partícipes de sus pecados".

Al contemplar la escena de Apocalipsis 18:21, vemos a un potente ángel con una gran piedra de molino que arroja al mar. ¿Quién es este ángel? Al leer Apocalipsis 10 encontramos a un Ángel con una descripción similar. Si leemos el comentario que hace la mensajera del Señor sobre este capítulo, nos damos cuenta que es Cristo mismo (véase The Seventh-day Adventist Bible Commentary, tomo 7, 971, 985 / CBA, t7, 982, 995). Sobre él, nuevamente la sierva del Señor hace el siguiente comentario: "Y el potente ángel que ha de alumbrar la tierra con su gloria proclamará la caída de Babilonia y llamará al pueblo de Dios a salir de ella".

El poderoso ángel de Apocalipsis 10 es el mismo que el de Apocalipsis 18:21. Por esto, es Cristo mismo quien hace el llamado: "Salid de ella, pueblo mío". Ambas purificaciones del templo por Cristo, serían símbolos de la purificación de la iglesia. Ambos llamados de Cristo a salir de Babilonia son similares a la purificación del templo. *[80]*

Este es un llamado al mundo a ser una generación escogida, un real sacerdocio, pueblo santo; un llamado de las tinieblas a su luz admirable. "Mas vosotros sois linaje elegido, real sacerdocio, gente santa, pueblo adquirido, para que anunciéis las virtudes de aquel que os ha llamado de las tinieblas a su luz admirable." Es una invitación a ser santos como él es *[84]* Santo, a ser perfectos como su Padre que está en los cielos es perfecto. 1 Pedro 2:9; véase 1 Pedro 1:16, Mateo 5:48.

Al unirse Cristo al tercer ángel, su mensaje se amplía hasta convertirse en un fuerte clamor. El ángel que sella es el tercer ángel (véase Primeros Escritos, 89, 118), y éste ha terminado su obra en la iglesia adventista. Ahora se mueve hacia las iglesias que están en Babilonia para sellar a los honestos de corazón.

> El Señor tiene sus representantes en todas las iglesias. A estas personas no les fueron presentadas las especiales verdades probatorias para los últimos días en circunstancias que traigan convicción a la mente y al corazón; de manera que, al rechazar la luz, no se han separado de Dios. Hay muchos que han caminado fielmente en la luz que ha brillado en su sendero. Ellos tienen hambre de conocer más acerca de los caminos y las obras de Dios. Por todo el mundo hay hombres y mujeres que miran ansiosos al cielo. Oraciones, lágrimas e interrogaciones ascienden de las almas que anhelan luz, gracia y el Espíritu Santo. Muchos son los que están en las mismas fronteras del reino, esperando solamente ser reunidos dentro. Testimonies, tomo 6, 70-71 / Testimonios para la Iglesia, t 6, 77.

Recordemos que los mensajes que los ángeles llevan representan al pueblo de Dios que pregona la verdad al mundo en esta última generación. Véase The Seventh-day Adventist Bible Commentary, tomo 7, 978-979 /CBA, t7, 989, 990.

El mensaje del cuarto ángel, pues, es la justificación por la fe. Este es dado por aquellos que a través de Cristo, han vencido al vil tentador en cada pecado y tentación, y están listos por su gracia a sentarse con él en el gran banquete de los cielos. Véase Testimonies, tomo 1,144 / Testimonios para la iglesia, t1, 136 Ahora dan el mensaje del cuarto ángel con gran poder; por su experiencia en Cristo conmueven al mundo. *[81]*

Otros ángeles fueron enviados desde el cielo en ayuda del potente ángel, y oí voces que por doquiera resonaban diciendo: "Salid de ella, pueblo mío, para que no seáis partícipes de sus pecados, ni recibáis parte en sus plagas; porque sus pecados han llegado hasta el cielo, y Dios se ha acordado de sus maldades." Este mensaje parecía ser un complemento del tercer mensaje, pues se le unía como el clamor de media noche se añadió en 1844 al mensaje del segundo ángel. La gloria de Dios reposaba sobre los pacientes y expectantes santos, quienes valerosamente daban la postrera y solemne amonestación, proclamando la caída de Babilonia y exhortando al pueblo de Dios a que de ella saliese para escapar a su terrible condenación.

La luz derramada sobre los fieles penetraba por doquiera; los que en las iglesias tenían alguna luz, y no habían oído ni rechazado los tres mensajes, obedecieron la exhortación y abandonaron las iglesias caídas. Muchos habían entrado en edad de razón y responsabilidad desde la proclamación de los mensajes; y la luz brilló sobre ellos, deparándoles el privilegio de escoger entre la vida o la muerte. Algunos escogieron la vida y se unieron con los que esperaban a su Señor y guardaban todos sus mandamientos. El tercer mensaje iba a efectuar su obra. Todos iban a ser probados por él, y las almas preciosas iban a ser invitadas a salir de las congregaciones religiosas. Una fuerza compulsiva movía a los sinceros, al paso que la manifestación del poder de Dios infundía temor y respeto a los incrédulos parientes y amigos para que no se atrevieran ni pudieran estorbar a quienes sentían en sí la obra del Espíritu de Dios. El postrer llamamiento llegó hasta los infelices esclavos, y los más piadosos de ellos prorrumpieron en cánticos de transportado gozo ante la perspectiva de su feliz liberación. Sus amos no pudieron contenerlos, porque el asombro y el temor los mantenían en silencio. Se realizaron grandes milagros. Sanaban los enfermos, y señales y prodigios acompañaban a los creyentes. Dios colaboraba con la obra, y todos los santos, sin temor de las consecuencias, obedecían al convencimiento de su conciencia, se unían con los que guardaban todos los mandamientos de Dios y proclamaban poderosamente por doquiera el tercer mensaje. Vi que este mensaje terminaría con fuerza y vigor muy superiores al clamor de media noche. Primeros Escritos, 277-278. *[82]*

Capítulo 13—El Tiempo de Prueba Está a las Puertas

No está muy distante el tiempo cuando toda alma pasará por la prueba. La marca de la bestia se nos querrá imponer. Aquellos que paso a paso hayan cedido a las demandas mundanas, y se hayan conformado con las costumbres del mundo, no encontrarán dificultad alguna en ceder a los poderes vigentes, antes que someterse a la burla, los insultos, o amenazas de encarcelamiento y muerte. La contienda es entre los mandamientos de Dios y los mandamientos de los hombres. En ese tiempo será separado el oro de la escoria dentro de la iglesia. La verdadera piedad se distinguirá claramente de la apariencia y el oropel. Muchas estrellas que hasta entonces hemos admirado por su brillo entonces se apagarán en las tinieblas. El tamo como una nube será arrebatado por el viento, aun de los lugares donde sólo vemos sembrados de rico trigo. Todos los que asuman los ornamentos del santuario, pero no están vestidos con la justicia de Cristo, aparecerán en la vergüenza de su desnudez. Testimonies, tomo 5, 81/ Testimonios para la Iglesia, t5, 76; véase también Servicio Cristiano, 63.

Dios hará una obra en nuestros días que solamente muy pocos la anticipan. Él levantará y exaltará entre nosotros a personas que han sido preparadas por la unción del Espíritu Santo más bien que por la formación exterior de instituciones científicas. Estas instituciones no deben de ser menospreciadas ni condenadas; han sido ordenadas por Dios, pero ellas sólo pueden proporcionar las calificaciones exteriores. Dios revelará que él no depende de hombres cultos y mortales con suficiencia propia.

Hay pocos hombres consagrados en medio de nosotros, pocos que han luchado y vencido en la lucha contra el yo. La verdadera conversión es un cambio decidido de sentimientos y motivos; es **[83]** una decisión virtual de dejar las conexiones con el mundo, una premura para abandonar su atmósfera espiritual, un alejamiento de los poderes que controlan sus pensamientos, opiniones e influencias. La separación causa amargura y dolor a ambos lados. Es la enemistad que Cristo dijo que había venido a traer. Pero el hombre convertido sentirá un anhelante deseo de que sus amigos dejen todo por causa de Cristo, sabiendo que a menos que lo hagan, habrá una separación final y eterna. El verdadero cristiano no puede, mientras está con amigos incrédulos, ser una luz y a la vez estar ocupado en frivolidades. El valor del alma por la cual Cristo murió es demasiado grande. Ibíd., 82-83 / Testimonios para la Iglesia, t5, 77-78.

Pronto todo lo que puede ser sacudido será sacudido (véase Joyas de los Testimonios, tomo 1, 60-66; tomo 3, 283-285; Testimonies, tomo 7, 219 /Testimonios para la Iglesia, t7, 209).

De acuerdo con la luz que Dios me ha dado en visión, la maldad y el engaño están aumentando entre el pueblo de Dios que profesa estar guardando sus mandamientos. El discernimiento espiritual para poder ver el pecado tal como es, y para quitarlo luego del campamento, está decreciendo entre el pueblo de Dios; y rápidamente se está posesionando de él una ceguera espiritual. El testimonio directo debe ser reavivado, y separará a los miembros que en Israel siempre han estado en guerra contra los medios que Dios ha ordenado para mantener la corrupción fuera de la iglesia. El mal ha de llamarse por su nombre, y los pecados gravosos han de ser llamados por su mismo nombre. Todos los hijos de Dios han de acercarse a él, y lavar las ropas de su carácter en la sangre del Cordero. Entonces verán el pecado en la luz verdadera y se darán cuenta de cuán ofensivo es en la vista de Dios. Ibíd., tomo 3,324 / Testimonios para la Iglesia, t3, 356.

Vi que muchos se alababan de cuán buenos cristianos eran, y que sin embargo no tienen ni un solo rayo de luz de Jesús. No saben lo que es ser renovados por la gracia de Dios. No tienen ninguna experiencia en las cosas de Dios. Y vi que el Señor blandía la espada en los cielos para cortarlos. ¡Oh, si todo miembro profeso y tibio pudiera darse cuenta de la obra de limpieza que Dios está por [88] hacer entre su pueblo profeso! Queridos amigos, no os engañéis concerniente a vuestra condición. No podéis engañar a Dios. Dice el Testigo: fiel y verdadero: "Yo conozco tus obras." El tercer ángel está guiando a un pueblo paso a paso, más y más alto. A cada paso sus hijos serán probados. Ibíd., tomo 1,190 / Testimonios para la Iglesia, t1, 175. *[84]*

Vi que muchos descuidaban la preparación necesaria, esperando que el tiempo del "refrigerio" y la "lluvia tardía" los preparasen para sostenerse en el día del Señor y vivir en su presencia. ¡Oh! ¡Y a cuántos vi sin amparo en el tiempo de angustia! Habían descuidado la preparación necesaria, y por lo tanto no podían recibir el refrigerio indispensable para sobrevivir a la vista de un Dios santo.

Quienes se nieguen a ser tallados por los profetas y a purificar sus almas obedeciendo a toda la verdad, quienes presuman estar en condición mucho mejor de lo que están en realidad, llegarán al tiempo en que caigan las plagas y verán que les hubiera sido necesario que los tallasen y escuadrasen para la edificación. Pero ya no habrá tiempo para ello ni tampoco Mediador que abogue por ellos ante el Padre. Antes de ese tiempo se promulgó la solemne declaración: "El que es injusto, sea injusto todavía; y el que es inmundo, sea inmundo todavía; y el que es justo, practique la justicia todavía; y el que es santo, santifíquese todavía." Vi que nadie podrá participar del "refrigerio" a menos que haya vencido todas las tentaciones y triunfado del orgullo, el egoísmo, el amor al mundo y toda palabra y obra malas. Por lo tanto, debemos acercarnos más al Señor y buscar anhelosamente la preparación necesaria que nos habilite para permanecer firmes en la batalla, en el día del Señor. Recuerden todos que Dios es santo y que únicamente seres santos podrán morar alguna vez en su presencia. Primeros Escritos, 71.

Queridos hermanos y hermanas en la fe, sigamos adelante luchando por la perfección del carácter en Cristo, aun cuando el diablo imponga su idea de que ello es imposible.

De ahí que [Satanás] trate constantemente de engañar a los discípulos de Cristo con su fatal sofisma de que les es imposible vencer. El Conflicto de los Siglos, 543.

Pero recordemos:

Cristo imputa su perfección y justicia a los pecadores creyentes cuando ellos no continúan en el pecado, sino que se vuelven de la transgresión a la obediencia de los mandamientos. The Faith I Live By, 115 / La Fe por la cual Vivo, 117.

Jesús no cambia nuestro carácter al venir. La obra de transformación debe hacerse ahora. Nuestra vida diaria determina nuestro destino. El Hogar Adventista, 12. **[85]**

Todos los que consagran su alma, cuerpo y espíritu a Dios, recibirán constantemente una nueva medida de fuerzas físicas y mentales. Las inagotables provisiones del cielo están a su disposición. Cristo les da el aliento de su propio espíritu, la vida de su propia vida. El Espíritu Santo despliega sus más altas energías para obrar en el corazón y la mente. La gracia de Dios amplía y multiplica sus facultades y toda perfección de la naturaleza divina los auxilia en la obra de salvar almas. Por la cooperación con Cristo, son completos en él, y en su debilidad humana son habilitados para hacer las obras de la Omnipotencia. El Deseado de Todas las Gentes, 767-768.

Abra las ventanas del alma hacia arriba y deje que penetre en ella la luz del Sol de Justicia. No se queje. No se lamente ni llore. No mire el lado oscuro de las cosas. Que la paz de Dios reine en su alma. Entonces tendrá fortaleza para soportar todos sus sufrimientos, y se regocijará porque tendrá gracia para llevarlos.

Alabe al Señor; hable de su bondad; refiérase a su poder. Torne agradable la atmósfera que rodea su alma. Mensajes Selectos, tomo 2, 304-305.

En el camino que conduce a la ciudad de Dios, no hay dificultades que no puedan vencer quienes en él confían. No hay peligros de que no puedan verse libres. No hay tristeza, ni dolor ni flaqueza humana para la cual él no haya preparado remedio. El Ministerio de Curación, 192

Estas cosas os he hablado para que en mí tengáis paz. En el mundo tendréis aflicción: mas confiad, yo he vencido al mundo. Juan 16:33. *[86]*

Capítulo 14—La Hora del Juicio de Dios Ha Llegado

Examinaos a vosotros mismos si estáis en la fe; probaos a vosotros mismos. ¿O no os conocéis a vosotros mismos, que Jesucristo está en vosotros, a menos que estéis reprobados? 2 Corintios 13:5.

Estas 19 preguntas le ayudarán a examinar su propia experiencia para ver si usted es un Laodicense:

1. ¿Practica usted tanto como sabe de la verdad que profesa? ¿Puede usted dar razón de la esperanza que está en su interior así como puede discutir de otras cosas?

2. ¿Pasa usted tanto tiempo con su Biblia como lo hace con el periódico, la televisión o la radio, y suficiente tiempo sobre sus rodillas como lo hace frente al espejo o en las conversaciones frívolas? ¿Pasa un tiempo considerable a solas con su Dios al menos dos veces por día, o está demasiado ocupado?

3. ¿Qué significan para usted los mensajes de Dios para su pueblo por medio del espíritu de profecía? ¿Cree en los testimonios? ¿Actúa como si creyera en ellos? ¿Sabe lo que ellos contienen? ¿Está tan deseoso de encontrar la voluntad de Dios como para tomar tiempo de estudiarlos, o está demasiado ocupado?

4. ¿Guarda usted el sábado? ¿Si se mantiene trabajando los otros seis días de las semana, es el sábado un día santo para usted o es solamente un día feriado (un día libre)?

¿Lo guarda de acuerdo con Isaías 58:13? ¿Guarda celosamente sus extremos? *[87]*

5. ¿Es fiel en asistir a la casa de Dios? ¿Asiste a la escuela sabática como a los cultos de oración, tomando parte en ellos? Mientras está en la iglesia, ¿es reverente? ¿Sale usted mejor de lo que entró? Si debe escoger entre el culto de oración y la televisión, ¿cuál escoge?

6. ¿Es la vida de su hogar lo que debiera ser? ¿El altar de la familia, está protegiendo al hogar contra las irritaciones y disensiones? ¿Es el hogar un lugar donde los niños desean estar, y hace usted de la religión algo atractivo para ellos? ¿Usa usted la televisión, la radio y el equipo de sonido en su hogar únicamente para la honra y gloria de Dios?

7. ¿La clase de ropa que viste, hace que la gente lo recuerde por su ropa o por su belleza espiritual interna? ¿Está tan preocupado acerca del manto de la justicia de Cristo como la está de la última moda de vestir?

8. Cuando usted conversa ¿lo hace como si estuviera en la presencia de Dios y de los santos ángeles? ¿Habla más acerca de usted mismo, que acerca del Señor? Si la gente no conociera su profesión religiosa, ¿lo identificaría su vocabulario como un cristiano o como un mundano?

9. ¿Rehúsa usted escuchar como también a esparcir chismes?

10. ¿Es usted siempre veraz, o miente de vez en cuando? ¿Está usted seguro de que sus transacciones de

negocio son siempre rectas? ¿Es usted puro en pensamiento, en palabra y en acción?

11. ¿Entrega a Dios su primera décima parte? ¿Al dar, da usted en proporción, y con regularidad, y tal vez con sacrificio? ¿Gasta usted más por año en sus propios placeres de lo que gasta para la extensión del reino de Dios?

12. ¿Está usted avanzando o está siempre en el mismo lugar, mental y espiritual? ¿Sigue usted viviendo la misma experiencia antigua y enmohecida de meses o años atrás?

13. ¿Está usted viviendo de acuerdo con la luz de la reforma pro salud? En este aspecto ¿es usted un verdadero adventista del séptimo día? Si no lo es, ¿por qué no? *[88]*

14. ¿Examina usted toda su lectura, su música, sus asociaciones, sus diversiones, para que concuerden con Colosenses 3:17? "Y todo lo que hacéis, sea de palabra, o de hecho, hacedlo todo en el nombre del Señor por medio de Jesús, dando gracias a Dios Padre por él." ¿Puede ir al cine o ver las películas en la televisión en el nombre de Jesús? ¿Puede usted comer "hot dogs" (perros calientes), hamburguesas, beber coca cola, té, café, en el nombre de Jesús? Todo lo que no pueda hacer en el nombre de Jesús, no lo puede hacer de ninguna manera.

15. ¿Está usted viendo en los hombres un modelo? ¿Busca en ellos algo para excusarse, o algo para copiar, o para tropezar? ¿Se ha determinado a que, sea lo que fuere

lo que los hombres hagan o no hagan, usted seguirá a Jesús todo el tiempo?

16. ¿Se niega usted a conservar rencor; ama a todo el mundo; ha perdonado a todos y lo ha perdonado todo como Cristo le perdonó a usted? ¿Devuelve usted bien por mal? ¿Utiliza la venganza? ¿Ha logrado la victoria sobre el yo?

17. ¿Odia el pecado? ¿Cuánto? ¿Contempla usted el pecado más pequeño con aborrecimiento? ¿Está contemplando algún pecado conocido en su vida hoy?

18. ¿Es usted un ganador de almas? ¿Es el ganar almas su principal interés en la vida? ¿Cuántas almas ha ganado para Jesús?

19. Finalmente ¿sabe usted que pertenece a Jesucristo en vez de a usted mismo? (Véase El Camino a Cristo, 58). ¿Lo ha puesto todo sobre altar de Dios? *[89]*

Capítulo 15—La Crisis Final

Esto también sepas, que en los postreros días vendrán tiempos peligrosos: que habrá hombres amadores de sí mismos, avaros, vanagloriosos, soberbios, detractores, desobedientes a los padres, ingratos, sin santidad, sin afecto, desleales, calumniadores, destemplados, crueles, aborrecedores de lo bueno, traidores, arrebatados, hinchados, amadores de los deleites más que de Dios; teniendo apariencia de piedad, mas habiendo negado la eficacia de ella; y a éstos evita. 2 Timoteo 3:1-5.

La crisis final está justamente a las puertas. Diariamente la crisis está agudizándose.

Ecología

¿Nos damos cuenta todos de las condiciones de la ecología y de la dirección que el hombre está tomando al destruir el medio en que vive? El hombre está eliminando los recursos para su propio alimentación, el agua que bebe y aun el aire que respira.

Energía

¿Nos damos cuenta que el mundo está agotando rápidamente sus recursos? La falta de energía puede ser la paja que quebrará el lomo del camello en nuestra economía mundial. La lentitud de la producción puede muy rápidamente llevar al mundo a una crisis financiera mucho peor que la de 1929. *[90]*

Población

Estamos alcanzando una crisis en la explosión de la población en todo el mundo. Existe un aumento neto de 72 millones de personas por año. Si el tiempo continuara hasta el año 2.000, tendríamos en el mundo más de 7 mil millones de habitantes. Piense en los resultados de esa condición. Un hambre masiva que afectará a millones de personas será una realidad.

Crimen

El crimen es excesivo. Todo lo que necesita es leer la primera plana de los periódicos y ver cuán terrible es la condición actual. La locura por las drogas se ha extendido por todo el mundo, y es responsable en gran parte por el aumento del crimen.

Moralidad

Hay una gran crisis de la moralidad en el mundo. Pablo vio de antemano esto:

> Porque habiendo conocido a Dios, no le glorificaron como a Dios, ni dieron gracias; antes se desvanecieron en sus discursos, y el necio corazón de ellos fue entenebrecido. Diciéndose ser sabios, se hicieron fatuos, y trocaron la gloria del Dios incorruptible en semejanza de imagen de hombre corruptible, y de aves, y de animales de cuatro pies, y de serpientes. Por lo cual también Dios los entregó a inmundicia, en las concupiscencias de sus corazones, de suerte que contaminaron sus cuerpos entre

sí mismos: los cuales mudaron la verdad en mentira, honrando y sirviendo a las criaturas antes que al Creador, el cual es bendito por los siglos. Amén. Romanos 1:21-25.

Hoy puede ir a las casas de películas pornográficas y ver todo lo que Pablo describió. Puede comprar este tipo de revistas en las esquinas. Debido a esta inundación de pornografía, millones de jóvenes se están convirtiendo en pervertidos sexuales de una clase u otra. **[91]**

La homosexualidad es aceptada hoy por muchas de las iglesias modernas, que aun ha ordenado a homosexuales a su ministerio. (Véase Romanos 1:27) Esta forma de perversión sexual ha aparecido con frecuencia en las noticias recientes como el medio principal en la trasmisión del muy temido virus de SIDA. Se calcula que 150.000 personas desarrollaron en el mundo entero la enfermedad mortal del SIDA en el año (1988), duplicando así el número de casos desde que comenzó la epidemia. Se estima que de cinco a diez millones de personas en el mundo ya están infectadas con este virus y eventualmente desarrollarán esta enfermedad para la cual no se conoce cura.

El Hogar

Hay también una gran crisis en el hogar. El hogar ha sido el baluarte de las naciones del mundo por mucho tiempo. El hogar se ha desintegrado. La ruptura de la vida familiar y el fracaso de los padres en disciplinar a los hijos, coloca a los padres y a los dirigentes religiosos en la posición en que deben aceptar su parte en esta tragedia internacional. El mundo encaró el mismo problema en los días de Noé y Dios destruyó la tierra con un diluvio.

Y vio Jehová que la malicia de los hombres era mucha en la tierra, y que todo designio de los pensamientos del corazón de ellos era de continuo solamente el mal. Y corrompióse la tierra delante de Dios, y estaba la tierra llena de violencia. Génesis 6:5,11

Y como fue en los días de Noé, así también será en los días del Hijo del Hombre. Como esto será el día en que el Hijo del Hombre se manifestará. Lucas 17:26,30

Los días de Noé han vuelto nuevamente, y Dios tratará, repentinamente a este mundo malvado según su conducta.

Muy pronto habrá un cambio repentino en los procederes de Dios. El mundo en su perversidad está siendo visitado por calamidades—por inundaciones, tormentas, incendios, terremotos, hambre, guerras y derramamiento de sangre. El Señor es tardo para la ira, y grande *[92]* en poder; con todo no absolverá al impío. Fundamentals of Christian Education, 356.

Economía

Hay una gran crisis en nuestra economía hoy, puede suceder un derrumbe muy rápido, que conduciría pronto a los últimos movimientos de la historia. Daniel vio de antemano este evento tan terrible que sucederá justamente antes de la venida de Cristo (véase Daniel 12:1).

Hoy el mundo está clamando: ¡PAZ! La gran crisis que ha de poner fin a todas las crisis está delante de nosotros.

Que cuando dirán, Paz y seguridad, entonces vendrá sobre ellos destrucción de repente, como los dolores a la mujer encinta; y no escaparán. 1 Tesalonicenses 5:3.

La Emergencia Demanda un Líder

Una gran crisis conduce a lo siguiente:

La transgresión casi ha alcanzado sus límites: la confusión llena el mundo, y un gran terror está a punto de caer sobre los seres humanos. El fin está muy cerca. Nosotros, que conocemos la verdad, debemos estar preparados para lo que muy pronto ha de ser para el mundo una sorpresa arrolladora. Testimonies, tomo 8,28; véase 37 / Testimonios para la Iglesia, t8, 35, véase p44.

Esta crisis llegará cuando se unan las naciones para anular la ley de Dios. Ibíd., tomo 5, 524 / Testimonios para la Iglesia, t5, 494.

Cuando los Estados Unidos, el país de la libertad religiosa, se una con el papado para forzar la conciencia y obligar a los hombres a honrar el falso día de reposo, los habitantes de todo país del globo serán inducidos a seguir su ejemplo. Joyas de los Testimonios, tomo 2, 373.

Tanto en el Viejo como en el Nuevo Mundo se le tributará homenaje al papado por medio del honor que se conferirá a la institución del domingo, la cual descansa únicamente sobre la autoridad de la iglesia romana. El Conflicto de los Siglos, 636. *[93]*

Los papistas, los protestantes y los mundanos aceptarán igualmente la forma de la piedad sin el poder de ella, y verán en esta unión un gran movimiento para la conversión del mundo y el comienzo del milenio tan largamente esperado. Ibíd., 646.

Vi guerra, hambre, pestilencia y grandísima confusión en la tierra. Los impíos pensaron que nosotros habíamos acarreado el castigo sobre ellos, y se reunieron en consejo para raernos de la tierra, creyendo que así cesarían los males. Primeros Escritos, 33-34.

Se declarará que los hombres ofenden a Dios al violar el descanso del domingo; que este pecado ha atraído calamidades que no concluirán hasta que la observancia del domingo no sea estrictamente obligatoria; y que los que proclaman la vigencia del cuarto mandamiento, haciendo con ello que se pierda el respeto debido al domingo y rechazando el favor divino, turban al pueblo y alejan la prosperidad temporal. El Conflicto de los Siglos, 647-648.

Los Estados Unidos pondrán en vigencia la legislación dominical, y es posible que en ese tiempo Satanás decida hacerse pasar por Cristo.

Por el decreto que imponga la institución del papado en violación a la ley de Dios, nuestra nación se separará completamente de la justicia. Cuando el protestantismo extienda la mano a través del abismo para asir la mano del poder romano, cuando se incline por encima del abismo para darse la mano con el espiritismo, cuando, bajo la influencia de esta triple unión, nuestro país repudie todo principio de su constitución como gobierno protestante y republicano, y haga provisión para la propagación de las mentiras y seducciones papales, entonces sabremos que ha llegado el tiempo en que se verá la asombrosa obra de Satanás, y que el fin está cerca. Joyas de los Testimonios, tomo 2,151.

El acto capital que coronará el gran drama del engaño será que el mismo Satanás se dará por el Cristo. Hace mucho que la iglesia profesa esperar el advenimiento del Salvador como consumación de sus esperanzas. Pues bien, el gran engañador simulará que Cristo habrá venido. En varias partes de la tierra, Satanás se manifestará a los hombres como ser majestuoso, de un brillo deslumbrador, parecido a la descripción que del Hijo de Dios da San Juan en el Apocalipsis 1:13-15. La gloria que le rodee superará cuanto hayan visto los ojos de *[94]* los mortales. El grito de triunfo repercutirá por los aires: "¡Cristo ha venido! ¡Cristo ha venido!" El pueblo se postrará en adoración ante él... en su fementido carácter de Cristo, asegura haber mudado el día de reposo del sábado al domingo y manda a todos que santifiquen el día bendecido por él. El Conflicto de los Siglos, 682.

Satanás estudia la Biblia con cuidado. Sabe que le queda poco tiempo y procura en todo punto contrarrestar la obra que el Señor está haciendo sobre esta tierra. Es imposible dar una idea de lo que experimentará el pueblo de Dios que viva en la tierra cuando se combinen la manifestación de la gloria de Dios y la repetición de las persecuciones pasadas. Andará en la luz que emana del trono de Dios. Por medio de los ángeles, las comunicaciones entre el cielo y la tierra serán mantenidas constantes. Por su parte Satanás, rodeado de sus ángeles, y haciéndose pasar por Dios, hará toda clase de milagros a fin de seducir, si posible fuese, aun a los escogidos. El pueblo de Dios no hallará seguridad en la realización de milagros, porque Satanás los imitará. En esta dura prueba, el pueblo de Dios hallará su fortaleza en la señal mencionada en Éxodo 31:12-18. Tendrá que afirmarse sobre la palabra viviente: "Escrito está." Es el único fundamento seguro. Aquellos que hayan quebrantado su alianza con Dios estarán entonces sin Dios y sin esperanza. Joyas de los Testimonios, tomo 3, 284-285.

Aun las religiones paganas se maravillarán en pos de esta unión. Esto ocurrirá cuando el protestantismo y el poder romano extiendan su brazo sobre el abismo para estrechar manos con el espiritismo. El espiritismo aquí abarca al paganismo. Véase Testimonies, tomo 5, 451 / Testimonios para la Iglesia, t5, 426

La ira del diablo y del mundo se dirige contra el remanente de Dios que guarda los mandamientos. Los guardadores de los mandamientos son los únicos que interfieren su dictadura mundial, y el tiempo de angustia, como nunca ha habido, comienza. Este es el pequeño tiempo de angustia, antes del fin de la gracia. En este tiempo el mundo entero se maravilla en pos de la bestia, mientras miles y miles son martirizados. Véase ibíd., tomo 5, 449-450; ibíd., tomo 9, 16 (Testimonios para la iglesia, t9, 15); Mateo 10:21, Miqueas 7:6; Apocalipsis 20:4. *[95]*

> Así como la llegada de los ejércitos romanos era una señal para los discípulos de la inminente destrucción de Jerusalén, esta apostasía será una señal para nosotros de que la paciencia de Dios ha llegado a su límite, que la medida de la iniquidad de nuestra nación está colmada, y que el ángel de la misericordia está a punto de emprender vuelo, para nunca más volver. El pueblo de Dios pasará entonces por esas escenas de aflicción y desgracia que han sido descritas por los profetas como el tiempo de la angustia de Jacob. El clamor de los fieles perseguidos llega hasta el cielo. Y así como clamó la sangre de Abel desde la tierra, hay voces también que claman a Dios desde las

tumbas de los mártires, de las tumbas del mar, de las cavernas de la montaña, y de los sótanos de los conventos: "¿Cuándo, oh Señor, santo y verdadero, juzgarás y vengarás nuestra sangre, castigando a los que moran en la tierra?" Maranatha, 199.

El Decreto de Muerte

Unidos los poderes de la tierra para hacer la guerra a los mandamientos de Dios, decretarán que todos los hombre, "pequeños y grandes, ricos y pobres, libres y siervos" (Apocalipsis 13:16), se conformen a las costumbres de la iglesia y observen el falso día de reposo. Todos los que se nieguen a someterse serán castigados por la autoridad civil, y finalmente se decretará que son dignos de muerte. El Conflicto de los Siglos, 662.

Vi a los santos abandonar las ciudades y los pueblos y juntarse en grupos para vivir en los lugares más apartados. Los ángeles los proveían de comida y agua, mientras que los impíos sufrían hambre y sed. Vi después que los magnates de la tierra consultaban entre sí, y Satanás y sus ángeles estaban en torno de ellos. Vi un edicto del que se repartieron ejemplares por distintas partes de la tierra, el cual ordenaba que si dentro de determinado plazo no renunciaban los santos a su fe peculiar y prescindían del sábado para observar el primer día de la semana, quedaría la gente en libertad para matarlos. Primeros Escritos, 282.

La ira del hombre se despertará en forma especial contra aquellos que santifican el sábado del cuarto mandamiento; y al fin un decreto universal los denunciará como merecedores de muerte. Profetas y Reyes, 376. *[96]*

Finaliza el Tiempo de Gracia

Se proclamará el decreto de que deben despreciar el sábado del cuarto mandamiento, y honrar el primer día, o perder la vida. Joyas de los Testimonios, tomo 1,131.

Vi que los cuatro ángeles iban a retener los vientos mientras no estuviese hecha la obra de Jesús en el santuario, y que entonces caerían las siete postreras plagas. Estas enfurecieron a los malvados contra los justos, pues los primeros pensaron que habíamos atraído los juicios de Dios sobre ellos, y que si podían raernos de la tierra las plagas se detendrían. Se promulgó un decreto para matar a los santos, lo cual los hizo clamar día y noche por su libramiento. Este fue el tiempo de la angustia de Jacob. Primeros Escritos, 36-37.

La Hora de Liberación

El pueblo de Dios—algunos en las celdas de las cárceles, otros escondidos en ignorados escondrijos de bosques y montañas—invoca aún la protección divina, mientras que por todas partes compañías de hombres armados, instigados por legiones de ángeles malos, se disponen a emprender la obra de muerte.

Entonces, en la hora de supremo apuro, es cuando el Dios de Israel intervendrá para librar a sus escogidos. El Conflicto de los Siglos, 693; véase la descripción de las páginas 693 y 694.

Estamos viviendo en el tiempo del fin, cuando veremos suceder estas cosas. ¿Está usted listo para hacer frente a esta crisis?

Recuerde también, que el tiempo de gracia se cierra para nosotros los adventistas del séptimo día primero (véase Ezequiel 9; Joyas de los Testimonios, tomo 2, 65-66; Ibíd., tomo 3, 220, 332-333; Primeros Escritos, 89, 118; Testimonies for the Church, tomo 8, 28, 315 (Testimonios para la Iglesia, t8, 35, 329) y Fundamentals of Christian Education, 356-357). El tercer ángel es el ángel sellador. Cuando el mensaje del tercer ángel se amplía para convertirse en el fuerte clamor, las vírgenes insensatas y las sabias quedan como están y no habrá más tiempo para alistarse. Entonces entra en efecto por ley la observancia del domingo. El sellamiento del pueblo de Dios está en progreso. Hoy es nuestro tiempo para prepararnos. *[97]*

Ninguno puede recibir la lluvia tardía a menos que haya recibido la lluvia temprana. Véase Testimonios para los Ministros, 405; 514-515.

La venida de Jesús es el pensamiento más precioso. ¡Qué escena será ésa! ¡La gloria más grande que el universo jamás haya visto será observada de polo a polo!

Los impíos gritarán y blasfemarán, pero los santos alabarán su maravilloso nombre—JESUS.

> Y se dirá en aquel día: He aquí éste es nuestro Dios, le hemos esperado, y nos salvará: éste es Jehová a quien hemos esperado, nos gozaremos y nos alegraremos en su salvación. Isaías 25:9.

La crisis está por confrontarnos. Estemos preparados para ella mediante la oración y el estudio. *[98]*

Índice Bilingüe De Referencias

NOTA: Hemos diseñado un índice de las citas del espíritu de profecía usadas en cada capítulo. Debido a que muchas de las citas tienen su referencia en inglés, nos hemos limitado a elaborar un índice sólo de las que están en español. Esto ayudará al lector para encontrar la referencia equivalente en inglés y le brindará la oportunidad de ver el contexto de la misma en el idioma original. Como también puede ser una herramienta útil al compartir el "Así ha dicho Jehová" con sus amigos de habla inglesa. — Los Redactores

NOTA a la presente edición: En las citas que fueron publicadas en castellano posteriormente a la publicación de este libro, hemos dejado la referencia al libro en inglés (del que se tradujo directamente) y luego la referencia actualizada a su equivalente castellano. Esto sucede con todas las referencias a los Testimonios para la Iglesia, el Material Complementario con los comentarios de Elena G. de White del Comentario Bíblico Adventista tomo 7, y otros.

Las citas que no tienen referencia en castellano, es porque no han sido publicadas en este idioma. Si usted encuentra que alguna de ellas si lo ha sido, le agradeceremos nos lo haga saber para agregar dicha información en una futura edición.

Muchas Gracias.

Introducción

El Evangelismo, 167 .... Evangelism, 224

Mensajes Selectos, tomo 1, 54-55 .... Selected Messages, book 1, 48

Mensajes Selectos, tomo 1, 142 .... Selected Messages, book 1, 122

Mensajes Selectos, tomo 3, 93 .... Selected Messages, book 3, 84

1. Los Hitos del Adventismo

Joyas de los Testimonios, tomo 3, 271 .... Testimonies, vol. 8, 293

Mensajes Selectos, tomo 1, 238-239 .... Selected Messages, book 1, 204-205

Mensajes Selectos, tomo 1, 243 .... Selected Messages, book 1, 208

2. El Espíritu de Profecía

El Conflicto de los Siglos, 651 .... The Great Controversy, 593

El Colportor Evangélico, 175-176 .... Colporteur Ministry, 126

Mensajes Selectos, tomo 1, 54-55 .... Selected Messages, book 1, 48

Mensajes Selectos, tomo 2, 443 .... Selected Messages, book 2, 3S5

Primeros Escritos, 260 .... Early Writings, 261

3. El Santuario

El Conflicto de los Siglos, 473-474 .... The Great Controversy, 421-422

El Conflicto de los Siglos, 476 .... The Great Controversy, 423

El Conflicto de los Siglos .... The Great Controversy, 427

El Conflicto de los Siglos, 486 .... The Great Controversy, 433

El Conflicto de los Siglos, 542 .... The Great Controversy, 488

El Conflicto de los Siglos, 543 .... The Great Controversy, 489

El Evangelismo, 165 .... Evangelism, 221

El Evangelismo, 167 .... Evangelism, 224-225

Los Hechos de los Apóstoles, 423-424 .... The Acts of thie Apostles, 531

Mensajes Selectos, tomo 1, 54-55 .... Selected Messages, book 1, 48

Mensajes Selectos, tomo 1, 236 .... Selected Messages, book 1, 202

Palabras de Vida del Gran Maestro, Al............... Christ Object Lessons, 69

Patriarcas y Profetas, 371 .... Patriarchs and Prophets, 351

Patriarcas y Profetas, 372 .... Patriarchs and Prophets, 358

Primeros Escritos, 63 .... Early Writings, 63

4. Perfección en Cristo

Conducción del Niño, 450 .... Child Guidance, 477

El Deseado de Todas las Gentes, 98-99 .... The Desire of Ages, 122-123

El Deseado de Todas las Gentes, 278 .... The Desire of A ges, 311

El Deseado de Todas las Gentes, 625 .... The Desire of A ges, 671

El Evangelismo, 143 .... Evangelism, 190

Joyas de los Testimonios, tomo 2, 374 .... Testimonies, vol. 6, 19

Joyas de los Testimonios, tomo 3, 72 .... Testimonies, vol. 6, 450

La Educación, 13 .... Education, 15-16

Los Hechos de los Apóstoles, 423-424 .... The Acts of the Apostles, 531

Palabras de Vida del Gran Maestro, 47 .... Christ Object Lessons, 69

Palabras de Vida del Gran Maestro, 253 .... Christ Object Lessons, 312

Primeros Escritos, 70-71 .... Early Writings, 71

5. Justificación por la Fe

Mensajes Selectos, tomo 1, 430-431 .... Selected Messages, book 1, 367

Palabras de Vida del Gran Maestro, 70 .... Christ Object Lessons, 97-98

6. La Justificación y la Santificación

Consejos sobre el Régimen Alimenticio, 195 ....
Counsels on Diet and Foods, 165

La Educación, 251 .... Education, 251

Los Hechos de los Apóstoles, 440 .... The
Acts of the Apostles, 551

Los Hechos de los Apóstoles, 447-448 .... The
Acts ofthe Apostles, 560

Mensajes para los Jóvenes, 32 ....
Messages to Young People, 35

Mensajes Selectos, tomo 1, 429 .... Selected
Messages, book 1,366

Mensajes Selectos, tomo 1," 464-465 .... Selected
Messages, book 1, 397

7. La Naturaleza de Cristo

Alza tus Ojos, 170 .... The
Upward Look, 172

Comentario Bíblico Adventista, tomo 1, 1099 .... SDA Bible
Commentary, vol. 1, 1085

Comentario Bíblico Adventista, tomo 5, 1102-1103 . SDA
Bible Commentary, vol. 5, 1128

Comentario Bíblico Adventista, tomo 5, 1104 .... SDA Bible
Commentary, vol. 5, 1129

El Deseado de Todas las Gentes, 32
.................................The Desire of Ages, 49

El Deseado de Todas las Gentes, 87 ....
The Desire ofAges, 112

El Deseado de Todas las Gentes, 91-92 ....
The Desire ofAges, 117

El Deseado de Todas las Gentes, 98 .... The Desire of Ages, 122-123

El Deseado de Todas las Gentes, 105 .... The Desire ofAges, 131

El Deseado de Todas las Gentes, 619-620 .... The Desire ofAges, 664

El Ministerio de Curación, 47 .... The Ministry of Healing, 71

Hijos e Hijas de Dios, 232 .... Sons and Daughters of God, 230

La Educación, 74 .... Education, 78

La Educación, 16 .... Education, 80-81

Mensajes Selectos, tomo 1, 110-111 .... Selected Messages, book 1, 94-95

Mensajes Selectos, tomo 1, 111-112 .... Selected Messages, book 1, 95

Mensajes Selectos, tomo 1, 290 .... Selected Messages, book 1, 247

MensajesSelectos, tomo 1, 313-314 .... Selected Messages, book 1, 267-7.68

Mensajes Selectos, tomo 1, 477 .... Selected Messages, book 1. 408

Mensajes Selectos. tomo 3, 144-160 .... Selected Messages, book 3, 128-142

Mensajes Selectos, tomo 3, 146 ....Selected Messages, book 3, 129

Mensajes Selectos, tomo 3, 147 ....Selected Messages, book 3, 131

8. La Fe y las Obras

El Deseado de Todas las Gentes, 267 ....
The Desire of Ages, 300

El Ministerio de Curación, 119 .... The
Ministry of Healing, 161

Mensajes Selectos, tomo 1, 406 ....Selected
Messages, book 1, 346

Mensajes Selectos, tomo 1, 407 ....Selected
Messages, book 1, 347

Mensajes Selectos, tomo 1, 421 .... Selected
Messages, book 1, 359-360

Mensajes Selectos, lomo 1, 426—427 ....Selected
Messages, book 1, 364

Mensajes Selectos, tomo 1, 429 ....Selected
Messages, book 1, 366

Mensajes Selectos, tomo 1, 438 ....Selected
Messages, book 1, 373

Palabras de Vida del Gran Maestro, 265 ....
Christ Object Lessons, 330

Palabras de Vida del Gran Maestro, 266-267 .... Christ
Object Lessons, 331-332

Testimonios para los Ministros, 243 ....
Testimonies to Ministers, 240

9. El Verdadero Zarandeo del Adventismo

El Conflicto de los Siglos, 52 .... The
Great Controversy, 48

El Deseado de Todas las Gentes, 538-539 .... The Desire of Ages, 587-588

Joyas de los Testimonios, tomo 2, 31 .... Testimonies, vol. 5, 136

Joyas de los Testimonios, lomo 2, 312 .... Testimonies, vol. 5, 707

Joyas de los Testimonios, tomo 3, 224 .... Testimonies, vol. 8, 41

Joyas de los Testimonios, tomo 3. 284 .... Testimonies, vol. 9, 15

Joyas de los Testimonios, tomo 3, 332 .... Testimonies, vol. 9, 96

Mensajes Selectos, tomo 1, 235 ....Selected Messages, book 1, 201

Mensajes Selectos, tomo 1, 238-239 .... Selected Messages, book 1, 204-205

Primeros Escritos, 50 .... Early Writings, 50

Primeros Escritos, 270 .... Early Writings, 270

Testimonios para los Ministros, 38-39 .... Testimonies to Ministers, 42

Testimonios para los Ministros, 109 .... Testimonies to Ministers, 112

Testimonios para los Ministros, 416 .... Testimonies to Ministers, 409—410

10. El Mensaje de los Tres Angeles

Alza tus Ojos, 169 .... The Upward Look, 171

Mensajes Selectos, tomo 2, 120 .... Selected Messages, book 1, 104-105

11. El Misterio de Minneápolis

El Deseado de Todas las Gentes, 278 .... The Desire of Ages, 311

El Evangelismo, 143 .... Evangelism, 190

El Evangelismo, 147 .... Evangelism, 196

Joyas de los Testimonios, tomo 1, 43 .... Testimonies, vol. 1, 144

Joyas de los Testimonios, tomo 2. 69-71 .... Testimonies, vol. 5, 214-216

Los Hechos de los Apóstoles, 424 .... The Acts of the Apostles, 531

Los Hechos de los Apóstoles, 450 .... The Acts of the Apostles, 564

Mensajes Selectos, tomo 3, 195 .... Selected Messages, book 3, 172

Palabras de Vida del Gran Maestro, 47 .... Christ Object Lessons, 69

Testimonios para los Ministros, 88-89 .... Testimonies to Ministers, 90-91

Testimonios para los Ministros. 94-95 .... Testimonies to Ministers. 96-98

12. El Cuarto Angel de Apocalipsis 18

Primeros Escritos, 277-278 .... Early Writings, 277-278

13. El Tiempo de Prueba está a las Puertas

El Conflicto de los Siglos, 543 .... The Great Controversy. 4S9

El Deseado de Todas las Gentes, 767-768 .... The Desire of Ages, 827

El Hogar Cristiano, 12 .... The Adventist Home, 16

El Ministerio de Curación, 192 .... The Ministry of Healing, 249

Mensajes Selectos, tomo 2, 304-305 .... Selected Messages, book 2, 266-267

Primeros Escritos, 71 .... Early Writings, 71

14. No hay.

15. La Crisis Final

El Conflicto de los Siglos, 636 .... The Great Controversy, 579

El Conflicto de los Siglos, 646 .... The Great Controversy, 588-589

El Conflicto de los Siglos, 647-648 .... The Great Controversy, 590

El Conflicto de los Siglos, 662 .... The Great Controversy, 604

El Conflicto de los Siglos, 682 .... The Great Controversy, 624

El Conflicto de los Siglos, 693 .... The Great Controversy, 635-637

Joyas de los Testimonios, tomo 1, 131 .... Testimonies, vol. 1, 353-354

Joyas de los Testimonios, tomo 2, 65-66 ....
Testimonies, vol. 5, 211

Joyas de los Testimonios, tomo 2, 151 ....
Testimonies, vol. 5. 451

Joyas de los Testimonios, tomo 2, 373 ....
Testimonias, vol. 6,18

Joyas de los Testimonios, tomo 3, 284-285 ....
Testimonies, vol. 9, 16

Joyas de los Testimonios, tomo 3, 220
..............................Testimonies, vol. 9, 9¿-97

Primeros Escritos, 33-34 ....
Early Writings, 33-34

Primeros Escritos, 36-37 ....
Early Writings, 36-37

Primeros Escritos, 282 ....
Early Writings, 2S2

Profetas y Reyes, 376 ....
Prophets and Kings, 512

Testimonios para los Ministros, 405 ....
Testimonies to Ministers, 399

Testimonios para los Ministros, 514-515 ....
Testimonies lo Ministers, 506-507

Libros disponibles en Amazon:

1. Todos los libros de la Serie: El Gran Conflicto en tamaño Grande (A4).
2. Daniel y Revelación Urias Smith en tamaño grande (8,5 * 11).
3. Historia de la Redención en tamaño grande (A4).
4. Los Terroristas secretos, Bill Hughes.
5. Cristología en los escritos de Ellen G. White, Ralph Larson.
6. 1888 Reexaminado, Robert Wieland.
7. Introducción al Mensaje de 1888, Robert Wieland.
8. El Perfil de la Crisis Venidera (*Recopilación en orden cronológico de los acontecimientos finales basados en las citas del espíritu de profecía*) D. E. Mansell.
9. Preparación para la Crisis Final Fernando Chaij
10. El Camino Consagrado a la Perfección Cristiana, A. T. Jones.
11. Lecciones sobre la Fe, Jones & Waggoner.
12. El Mensaje del Tercer Ángel, Jones.
13. El Evangelio en Gálatas, Waggoner.
14. Tocados por Nuestros Sentimientos, Jean Zurcher.
15. El Verbo se hizo carne, Ralph Larson.

¡¡¡¡¡MUCHOS MÁS EN !!!!!!

RECUERDE QUE TENEMOS UN CATÁLOGO DE LIBROS

QUE PUEDE SOLICITAR SI SE PONE EN CONTACTO CON NOSOTROS

EN LA DIRECCIÓN DE CORREO ELECTRÓNICO

*Si desea obtener descuentos, sólo podrá ser en un pedido conjunto mínimo de 25 libros o más, ya sean ejemplares sueltos de diferentes libros o al por mayor. Póngase en contacto con nosotros en nuestra dirección de correo electrónico:

lsdistribution07@gmail.com

www.ingramcontent.com/pod-product-compliance
Lightning Source LLC
LaVergne TN
LVHW021825060526
838201LV00058B/3510